资治通鉴卷第一百二十一

宋纪三 起著雍执徐，尽上章敦牂，凡三年。

太祖文皇帝上之中

元嘉五年（戊辰，公元四二八年）

春，正月，辛未，魏京兆王黎卒。

荆州刺史、彭城王义康，性聪察，在州职事修治。左光禄大夫范泰谓司徒王弘曰：「天下事重，权要难居。卿兄弟盛满，当深存降挹。彭城王，帝之次弟，宜征还入朝，共参朝政。」弘纳其言。时大旱，疾疫，弘上表引咎逊位，帝不许。

秦商州刺史领浇河太守姚浚叛，降河西，秦王炽磐以尚书焦嵩代浚，帅骑三千讨之。二月，嵩为吐谷浑元绪所执。

魏改元神䴥。

魏平北将军尉眷攻夏主于上邽，夏主退屯平凉。奚斤进军安定，与丘堆、娥清军合。斤马多疫死，士卒乏粮，乃深垒自固。遣丘堆督租于民间，士卒暴掠，不设儆备。夏主袭之，堆兵败，以数百骑还城。夏主乘胜，日来城下钞掠，不得刍牧，诸将患之。监军侍御史安颉曰：「受诏灭贼，今更为贼所困，退守穷城，若不为贼杀，当坐法诛，进

退皆无生理。而诸王公晏然曾不为计乎？」斤曰：「今军士无马，以步击骑，必无胜理，当须京师救骑至，合击之。」颉曰：「今猛寇游逸于外，吾兵疲食尽，不一决战，则殆在旦夕，救骑何可待乎！等于就死，死战，不亦可乎！」斤又以马少为辞。颉曰：「今敛诸将所乘马，可得二百匹，颉请募敢死之士出击之，就不能破敌，亦可以折其锐。且赫连昌狷而无谋，好勇而轻，每自出挑战，众皆识之。若伏兵掩击，昌可擒也。」斤犹难之。颉乃阴与尉眷等谋，选骑待之。既而夏主来攻城，颉出应之。夏主自出陈前搏战，军士识其貌，争赴之。会天大风，扬尘，昼昏，夏主败走，颉追之，夏主马蹶而坠，遂擒之。颉，同之子也。

夏大将军、领司徒、平原王定收其馀众数万，奔还平凉，即皇帝位，大赦，改元胜光。

三月，辛巳，赫连昌至平城，魏主馆之于西宫，门内器用皆给乘舆之副，又以妹始平公主妻之；假常忠将军，赐爵会稽公。以安颉为建节将军，赐爵西平公；尉眷为宁北将军，进爵渔阳公。

魏主常使赫连昌侍从左右，与之单骑共逐鹿，深入山涧。昌素有勇名，诸将咸以为不可。魏主曰：「天命有在，亦何所惧！」亲遇如初。

奚斤自以为元帅，而昌为偏裨所擒，深耻之。乃舍辎重，赍三日粮，追夏主于平凉。娥清欲循水而往，斤不从，自北道邀其走路。至马髦岭，夏军将遁，会魏小将有罪亡归于夏，告以魏军食少无水。夏主乃分兵邀斤，前后夹击之，魏兵大溃，斤及娥清、刘拔皆为夏所擒，士卒死者六七千人。

丘堆守辎重在安定，闻斤败，弃辎重奔长安，与高凉王礼偕奔蒲阪，夏人复取长安。魏主大怒，命安颉斩丘堆，代将其众，镇蒲阪以拒之。

夏，四月，夏主遣使请和于魏，魏主以诏谕之使降。

壬子，魏主西巡。戊午，畋于河西。大赦。

五月，秦文昭王炽磐卒，太子暮末即位，大赦，改元永弘。

平陆令河南成粲复劝王弘逊位，弘从之，累表陈请。帝不得已，六月，庚戌，以弘为卫将军、开府仪同三司。

甲寅，魏主如长川。

葬秦文昭王于武平陵，庙号太祖。秦王暮末以右丞相元基为侍中、相国、都督中外诸军、录尚书事，以镇军大将军、河州牧谦屯为骠骑大将军，征安北将军、凉州刺史段晖为辅国大将军、御史大夫，叔父右禁将军千年为镇北将军、凉州牧，镇湟河，以征北将军木弈干为尚书令、车骑大将军，以征南将军吉毗为尚书仆射、卫大将军。

河西王蒙逊因秦丧，伐秦西平。西平太守麹承谓之曰：『殿下若先取乐都，则西平必为殿下之有。西平苟望风请服，亦明主之所疾也。』蒙逊乃释西平，攻乐都。相国元基帅骑三千救乐都，甫入城，而河西兵至，攻其外城，克之；绝其水道，城中饥渴，死者太半。东羌乞提从元基救乐都，阴与河西通谋，下绳引内其兵，登城者百馀人，鼓噪烧门；元基帅左右奋击，河西兵乃退。

初，文昭王疾病，谓暮末曰：『吾死之后，汝能保境则善矣。沮渠成都为蒙逊所亲重，汝宜归之。』至是，暮末遣使诣蒙逊，许归成都以求和。蒙逊引兵还，遣使入秦吊祭。暮末厚资送成都，遣将军王伐送之。蒙逊犹疑之，使恢武将军沮渠奇珍伏兵于扪天岭，执伐并其骑士三百人以归。既而遣尚书郎王杼送伐还秦，并遗暮末马千匹及锦罽银缯。秋，七月，暮末遣记室郎中马艾如河西报聘。

魏主还宫。八月，复如广宁观温泉。

柔然纥升盖可汗遣其子将万馀骑寇魏边。魏主自广宁还，追之，不及。九月，还宫。

冬，十月，甲辰，魏主北巡。壬子，畋于牛川。

秦凉州牧乞伏千年，嗜酒残虐，不恤政事，秦王暮末遣使让之，千年惧，奔河西。暮末以叔父光禄大夫沃陵为凉州牧，镇湟河。

徐州刺史王仲德遣步骑二千伐魏济阳、陈留。

魏主还宫。

魏定州丁零鲜于台阳第二千馀家叛，入西山，州郡不能讨。闰月，魏主遣镇南将军叔孙建讨之。

十一月，乙未朔，日有食之。

魏主如西河校猎。十二月，甲申，还宫。

河西王蒙逊伐秦，至磐夷，秦相国元基等将骑万五千拒之。蒙逊还攻西平，征虏将军出连辅政等将骑二千救之。

秘书监谢灵运，自以名辈才能，应参时政。上唯接以文义，每侍宴谈赏而已。王昙首、王华、殷景仁名位素出灵运下，并见任遇，灵运意甚不平，多称疾不朝直；或出郭游行，且二百里，经旬不归，既无表闻，又不请急。上不欲伤大臣意，讽令自解。灵运乃上表陈疾，上赐假，令还会稽。而灵运游饮自若，为法司所纠，坐免官。

是岁，师子王刹利摩诃及天竺迦毗黎王月爱，皆遣使奉表入贡，表辞皆如浮屠之言。

魏镇远将军平舒侯燕凤卒。

六年（己巳，公元四二九年）

春，正月，王弘上表乞解州、录，以授彭城王义康，帝优诏不许。癸丑，以义康为侍中、都督扬、南徐、兖三州诸军事、司徒、录尚书事、领南徐州刺史。弘与义康二府并置佐领兵，共辅朝政。弘既多疾，且欲委远大权，每事推让义康，由是义康专总内外之务。

又以抚军将军江夏王义恭为都督荆、湘等八州诸军事、荆州刺史，以侍中刘湛为南蛮校尉，行府州事。帝与义恭书，诫之曰：『天下艰难，家国事重，虽曰守成，实亦未易。隆替安危，在吾曹耳，岂可不感寻王业，大惧负荷！汝性褊急，志之所滞，其欲必行，意所不存，从物回改。此最弊事，宜念裁抑。卫青遇士大夫以礼，与小人有恩；西门、安于，矫性齐美；关羽、张飞，任偏同弊。行己举事，深宜鉴此！若事异今日，嗣子幼蒙，司徒当周公之事，汝不可不尽祗顺之理。尔时天下安危，决汝二人耳。

『汝一月自用钱不可过三十万，若能省此，益美。西楚府舍，略所谙究，计当不须改作，日求新异。凡讯狱多决当时，难可逆虑，此实为难。至讯日，虚怀博尽，慎无以

喜怒加人。能择善者而从之，美自归己；不可专意自决，以矜独断之明也！名器深宜慎惜，不可妄以假人。昵近爵赐，尤应裁量。吾于左右虽为少恩，如闻外论不以为非也。以贵凌物，物不服；以威加人，人不厌；此易达事耳。「声乐嬉游，不宜令过；蒲酒渔猎，一切勿为。供用奉身，皆有节度，奇服异器，不宜兴长。又宜数引见佐史，相见不数，则彼我不亲；不亲，无因得尽人情；人情不尽，复何由知众事也！」

夏酒泉公俊自平凉奔魏。

丁零鲜于台阳等请降于魏，魏主赦之。

秦出连辅政等未至西平，河西王蒙逊拔西平，执太守麴承。

二月，秦王暮末立妃梁氏为王后，子万载为太子。

三月，丁巳，立皇子劭为太子。戊午，大赦。

辛酉，以左卫将军殷景仁为中领军。帝以章太后早亡；奉太后所生苏氏甚谨。苏氏卒，帝往临哭，欲追加封爵，使群臣议之。景仁以为古典无之，乃止。

初，秦尚书陇西辛进从文昭王游陵霄观，弹飞鸟，误中秦王暮末之母，伤其面。及暮末即位，问母面伤之由，母以状告。暮末怒，杀进，并其五族二十七人。

夏，四月，癸亥，以尚书左仆射王敬弘为尚书令，临川王义庆为左仆射，吏部尚书济阳江夷为右仆射。

初，魏太祖命尚书邓渊撰《国记》十馀卷，未成而止。世祖更命崔浩与中书侍郎邓颖等续成之，为《国书》三十卷。颖，渊之子也。

魏主将击柔然，治兵于南郊，先祭天，然后部勒行陈。内外群臣皆不欲行，保太后固止之，独崔浩劝之。

尚书令刘絜等共推太史令张渊、徐辩使言于魏主曰：「今兹己巳，三阴之岁，岁星袭月，太白在西方，不可举兵，北伐必败。虽克，不利于上。」群臣因共赞之曰：「渊等少时尝谏苻坚南伐，坚不从而败，所言无不中，不可违也。」魏主意不决，诏浩与渊等论难于前。

浩诘渊、辩曰：「阳为德，阴为刑，故日食修德，月食修刑。夫王者用刑，小则肆诸市朝，大则陈诸原野。今出兵以讨有罪，乃所以修刑也。臣窃观天文，比年以来，月行掩昴，至今犹然。其占，三年天子大破旄头之国。蠕蠕、高车，旄头之众也。愿陛下勿疑。」渊、辩复曰：「蠕蠕，荒外无用之物，得其地不可耕而食，得其民不可臣而使，轻疾无常，难得而制；有何汲汲，而劳士马以伐之？」浩曰：「渊、辩言天道，犹是其

职，至于人事形势，尤非其所知。此乃汉世常谈，施之于今，殊不合事宜。何则？蠕蠕本国家北边之臣，中间叛去。今诛其元恶，收其良民，令复旧役，非无用也。世人皆谓渊、辩通解数术，明决成败，臣请试问之：属者统万未亡之前，有无败征？若其不知，是无术也；知而不言，是不忠也。」时赫连昌在坐，渊等自以未尝有言，惭不能对。魏主大悦。

既罢，公卿或尤浩曰：「今南寇方伺国隙，而舍之北伐；若蠕蠕远遁，前无所获，后有强寇，将何以待之？」浩曰：「不然。今不先破蠕蠕，则无以待南寇。南人闻国家克统万以来，内怀恐惧，故扬声动众以卫淮北。比吾破蠕蠕，往还之间，南寇必不动也。且彼步我骑，彼能北来，我亦南往；在彼甚困，于我未劳。况南北殊俗，水陆异宜，设使国家与之河南，彼亦不能守也。何以言之？以刘裕之雄杰，吞并关中，留其爱子，辅以良将，精兵数万，犹不能守。全军覆没，号哭之声，至今未已。况义隆今日君臣非裕时之比！主上英武，士马精强，彼若果来，譬如以驹犊斗虎狼也，何惧之有！蠕蠕恃其绝远，谓国家力不能制，自宽日久，故夏则散众放畜，秋肥乃聚，背寒向温，南来寇钞。今掩其不备，必望尘骇散。牡马护牝，牝马恋驹，驱驰难制，不得水草，不过数日，必聚而困弊，可一举而灭也。暂劳永逸，时不可失，患在上无此意。今上意已决，奈何止之！」寇谦之谓浩曰：「蠕蠕果可克乎？」浩曰：「必克。但恐诸将琐琐，前后顾虑，不能乘胜深入，使不全举耳。」

先是，帝因魏使者还，告魏主曰：「汝趣归我河南地！不然，将尽我将士之力。」魏主方议伐柔然，闻之大笑，谓公卿曰：「龟鳖小竖，自救不暇，夫何能为！就使能来，若不先灭蠕蠕，乃是坐待寇至，腹背受敌，非良策也。吾行决矣。」

庚寅，魏主发平城，使北平王长孙嵩、广陵公楼伏连居守。魏主自东道向黑山，使平阳王长孙翰自西道向大娥山，同会柔然之庭。

五月，壬辰朔，日有食之。

王敬弘固让尚书令，表求还东。癸巳，更以敬弘为侍中、特进、左光禄大夫，听其东归。

丁未，魏主至漠南，舍辎重，帅轻骑兼马袭击柔然，至栗水。柔然纥升盖可汗先不设备，民畜满野，惊怖散去，莫相收摄。纥升盖烧庐舍，绝迹西走，莫知所之。其弟匹黎先主东部，闻有魏寇，帅众欲就其兄；遇长孙翰，翰邀击，大破之，杀其大人数百。

夏主欲复取统万，引兵东至侯尼城，不敢进而还。

河西王蒙逊伐秦，秦王暮末留相国元基守枹罕，迁保定连。

南安太守翟承伯等据罕幵谷以应河西，暮末击破之，进至治城。

西安太守莫者幼眷据汧川以叛，暮末讨之，为幼眷所败，还于定连。

蒙逊至枹罕，遣世子兴国进攻定连。六月，暮末逆击兴国于治城，擒之，追击蒙逊至谭郊。

吐谷浑王慕璝遣其弟没利延，将骑五千会蒙逊伐秦，暮末遣辅国大将军段晖等邀击，大破之。

柔然纥升盖可汗既走，部落四散，窜伏山谷，杂畜布野，无人收视。魏主循栗水西行，至菟园水，分军搜讨，东西五千里，南北三千里，俘斩甚众。高车诸部乘魏兵势，钞掠柔然。柔然种类前后降魏者三十馀万落，获戎马百馀万匹，畜产、车庐，弥漫山泽，亡虑数百万。

魏主循弱水西行，至涿邪山，诸将虑深入有伏兵，劝魏主留止，寇谦之以崔浩之言告魏主，魏主不从。秋，七月，引兵东还；至黑山，以所获班赐将士有差。既而得降人言：『可汗先被病，闻魏兵至，不知所为，乃焚穹庐，以车自载，将数百人入南山。民畜窘聚，方六十里无人统领，相去百八十里，追兵不至，乃徐西遁，唯此得免。』后闻凉州贾胡言：『若复前行二日，则尽灭之矣。』魏主深悔之。

纥升盖可汗愤悒而卒，子吴提立，号敕连可汗。

武都孝昭王杨玄疾病，欲以国授其弟难当。难当固辞，请立玄子保宗而辅之；玄许之。玄卒，保宗立。难当妻姚氏劝难当自立，难当乃废保宗，自称都督雍、凉、秦三州诸军事、征西大将军、开府仪同三司、秦州刺史、武都王。

河西王蒙逊遣使送谷三十万斛以赎世子兴国于秦，秦王暮末不许。蒙逊乃立兴国母弟菩提为世子。暮末以兴国为散骑常侍，以其妹平昌公主妻之。

八月，魏主至漠南，闻高车东部屯已尼陂，人畜甚众，去魏军千馀里，遣左仆射安原等将万骑击之。高车诸部迎降者数十万落，获马牛羊百馀万。

冬，十月，魏主还平城。徙柔然、高车降附之民于漠南，东至濡源，西暨五原阴山，三千里中，使之耕牧而收其贡赋；命长孙翰、刘絜、安原及侍中代人古弼同镇抚之。自是魏之民间马牛羊及毡皮为之价贱。

魏主加崔浩侍中、特进、抚军大将军，以赏其谋画之功。浩善占天文，常置铜铤于酢器中，夜有所见，即以铤画纸作字以记其异。魏主每如浩家，问以灾异，或仓猝不及束带；奉进疏食，不暇精美，魏主必为之举箸，或立尝而还。魏主尝引浩出入卧内，从容谓浩曰：『卿才智渊博，事朕祖考，著忠三世，故朕引卿以自近。卿宜尽忠规谏，勿

有所隐。朕虽或时忿恚，不从卿言，然终久深思卿言也。』尝指浩以示新降高车渠帅曰：『汝曹视此人尪纤懦弱，不能弯弓持矛，然其胸中所怀，乃过于兵甲。朕虽有征伐之志而不能自决，前后有功，皆此人所教也。』又敕尚书曰：『凡军国大计，汝曹所不能决者，皆当咨浩，然后施行。』

秦王暮末之弟轲殊罗烝于文昭王左夫人秃发氏，暮末知而禁之。轲殊罗惧，与叔父什寅谋杀暮末，奉沮渠兴国以奔河西。使秃发氏盗门钥，钥误，门者以告暮末。暮末悉收其党杀之，而赦轲殊罗。执什寅，鞭之，什寅曰：『我负汝死，不负汝鞭！』暮末怒，刳其腹，投尸于河。

夏主少凶暴无赖，不为世祖所知。是月，畋于阴槃，登苛蓝山，望统万城泣曰：『先帝若以朕承大业者，岂有今日之事乎！』

十一月，己丑朔，日有食之，不尽如钩，星昼见，至晡方没，河北地暗。

魏主西巡，至柞山。

十二月，河西王蒙逊、吐谷浑王慕璝皆遣使入贡。

是岁，魏内都大官中山文懿公李先、青冀二州刺史安同皆卒。先年九十五。

秦地震，野草皆自反。

七年（庚午，公元四三〇年）

春，正月，癸巳，以吐谷浑王慕璝为征西将军、沙州刺史、陇西公。

庚子，魏主还宫。壬寅，大赦。癸卯，复如广宁，临温泉。

二月，丁卯，魏平阳威王长孙翰卒。

戊辰，魏主还宫。

帝自践位以来，有恢复河南之志。三月，戊子，诏简甲卒五万给右将军到彦之，统安北将军王仲德、兖州刺史竺灵秀舟师入河，又使骁骑将军段宏将精骑八千直指虎牢，豫州刺史刘德武将兵一万继进，后将军长沙王义欣将兵三万监征讨诸军事。义欣，道怜之子也。

先遣殿中将军田奇使于魏，告魏主曰：『河南旧是宋土，中为彼所侵，今当修复旧境，不关河北。』魏主大怒曰：『我生发未燥，已闻河南是我地。此岂可得！必若进军，今当权敛戍相避，须冬寒地净，河冰坚合，自更取之。』

甲午，以前南广平太守尹冲为司州刺史。长沙王义欣出镇彭城，为众军声援。以游击将军胡藩戍广陵，行府州事。

壬寅，魏封赫连昌为秦王。

魏有新徙敕勒千馀家，苦于将吏侵渔，出怨言，期以草生牛马肥，亡归漠北。尚书令刘絜、左仆射安原奏请及河冰未解，徙之河西。向春冰解，使不得北遁。魏主曰：「此曹习俗，放散日久，譬如囿中之鹿，急则奔突，缓之自定。吾区处自有道，不烦徙也。」絜等固请不已，乃听分徙三万馀落于河西，西至白盐池。敕勒皆惊骇，曰：「圈我于河西，欲杀我也！」谋西奔凉州。刘絜屯五原河北，安原屯悦拔城以备之。癸卯，敕勒数千骑叛，北走，絜追讨之；走者无食，相枕而死。

魏南边诸将表称：「宋人大严，将入寇。请兵三万，先其未发，逆击之，足以挫其锐气，使不敢深入。」因请悉诛河北流民在境上者，以绝其乡导。魏主使公卿议之，皆以为当然。崔浩曰：「不可。南方下湿，入夏之后，水潦方降，草木蒙密，地气郁蒸，易生疾疠，不可行师。且彼既严备，则城守必固，留屯久攻，则粮运不继；分军四掠，则众力单寡，无以应敌。以今击之，未见其利。彼若果能北来，宜待其劳倦，秋凉马肥，因敌取食，徐往击之，此万全之计也。朝廷群臣及西北守将，从陛下征伐，西平赫连，北破蠕蠕，多获美女、珍宝，牛马成群。南边诸将闻而慕之，亦欲南钞以取资财，皆营私计，为国生事，不可从也。」魏主乃止。

诸将复表：「南寇已至，所部兵少，乞简幽州以南劲兵助己戍守，及就漳水造船严备以拒之。」公卿皆以为宜如所请，并署司马楚之、鲁轨、延之等为将帅，使招诱南人。浩曰：「非长策也。楚之等皆彼所畏忌，今闻国家悉发幽州以南精兵，大造舟舰，随以轻骑，谓国家欲存立司马氏，诛除刘宗，必举国震骇，惧于灭亡，当悉发精锐，并心竭力，以死争之，则我南边诸将无以御之。今公卿欲以威力却敌，乃所以速之也。张虚声而召实害，此之谓矣。故楚之之徒，往则彼来，止则彼息，其势然也。且楚之等皆纤利小才，止能招合轻薄无赖而不能成大功，徒使国家兵连祸结而已。昔鲁轨说姚兴以取荆州，至则败散，为蛮人掠卖为奴，终于祸及姚泓，此已然之效也。」魏主未以为然。浩乃复陈天时，以为南方举兵必不利，曰：「今兹害气在扬州，一也；庚午自刑，先发者伤，二也；日食昼晦，宿值斗、牛，三也；荧惑伏于翼、轸，主乱及丧，四也；太白未出，进兵者败，五也。夫兴国之君，先修人事，次尽地利，后观天时，故万举万全。今刘义隆新造之国，人事未洽；灾变屡见，天时不协；舟行水涸，地利不尽。三者无一可，而义隆行之，必败无疑。」魏主不能违众言，乃诏冀、定、相三州造船三千艘，简幽州以南戍兵集河上以备之。

秦乞伏什寅母弟前将军白养、镇卫将军去列，以什寅之死，有怨言，秦王暮末皆杀之。

夏，四月，甲子，魏主如云中。

敕勒万馀落复叛走，魏主使尚书封铁追讨，灭之。

六月，己卯，以氐王杨难当为冠军将军、秦州刺史、武都王。

魏主使平南大将军、丹阳王大毗，屯河上，以司马楚之为安南大将军、荆州刺史，封琅邪王，顿颍川以备宋。

吐谷浑王慕璝将其众万八千袭秦定连，秦辅国大将军段晖等击走之。

到彦之自淮入泗，水渗，日行才十里，自四月至秋七月，始至须昌。乃溯河西上。

魏主以河南四镇兵少，命诸军悉收众北渡。戊子，魏碻磝戍兵弃城去。戊戌，滑台戍兵亦去。庚子，魏主以大鸿胪阳平公杜超为都督冀、定、相三州诸军事、太宰，进爵阳平王，镇邺，为诸军节度。超，密太后之兄也。庚戌，魏洛阳、虎牢戍兵皆弃城去。

到彦之留朱修之守滑台，尹冲守虎牢，建武将军杜骥守金墉。骥，预之玄孙也。诸军进屯灵昌津，列守南岸，至于潼关。于是司、兖既平，诸军皆喜，王仲德独有忧色，曰：『诸贤不谙北土情伪，必堕其计。胡虏虽仁义不足，而凶狡有馀，今敛戍北归，必并力完聚。若河冰既合，将复南来，岂可不以为忧乎！』

甲寅，林邑王范阳迈遣使入贡，自陈与交州不睦，乞蒙恕宥。

八月，魏主遣冠军将军安颉督护诸军，击到彦之。丙寅，彦之遣裨将吴兴姚耸夫渡河攻冶坂，与颉战；耸夫兵败，死者甚众。戊寅，魏主遣征西大将军长孙道生会丹阳王大毗屯河上以御彦之。

燕太祖寝疾，召中书监申秀、侍中阳哲于内殿，属以后事。九月，病甚，辇而临轩，命太子翼摄国事，勒兵听政，以备非常。

宋夫人欲立其子受居，恶翼听政，谓翼曰：『上疾将瘳，奈何遽欲代父临天下乎！』翼性仁弱，遂还东宫，日三往省疾。宋夫人矫诏绝内外，遣阉寺传问而已，翼及诸子、大臣并不得见，唯中给事胡福独得出入，专掌禁卫。福虑宋夫人遂成其谋，乃言于司徒、录尚书事、中山公弘，弘与壮士数十人被甲入禁中，宿卫皆不战而散。宋夫人命闭东閤，弘家僮库斗头劲捷有勇力，逾閤而入，至于皇堂，射杀女御一人。太祖惊惧而殂。弘遂即天王位，遣人巡城告曰：『天降凶祸，大行崩背，太子不侍疾，群公不奔丧，疑有逆谋，社稷将危。吾备介弟之亲，遂摄大位以宁国家，百官叩门入者，进陛二等。』太子翼帅东宫兵出战而败，兵皆溃去，弘遣使赐翼死。太祖有子百馀人，弘皆杀之。谥太祖曰文成皇帝，葬长谷陵。

己丑，夏主遣其弟谓以代伐魏鄜城，魏平西将军始平公隗归等击之，杀万馀人，谓

以代遁去。夏主自将数万人邀击隗归于鄜城东，留其弟上谷公社干、广阳公度洛孤守平凉，遣使来求和，约合兵灭魏，遥分河北：自恒山以东属宋，以西属夏。

魏主闻之，治兵，将伐夏，群臣咸曰：『刘义隆兵犹在河中，舍之西行，前寇未必可克，而义隆乘虚济河，则失山东矣。』魏主以问崔浩，对曰：『义隆与赫连定遥相招引，以虚声唱和，共窥大国，义隆望定进，定待义隆前，皆莫敢先入；譬如连鸡，不得俱飞，无能为害也。臣始谓义隆军来，当屯止河中，两道北上，东道向冀州，西道冲邺，如此，则陛下当自讨之，不得徐行。今则不然，东西列兵径二千里，一处不过数千，形分势弱。以此观之，伫儿情见，此不过欲固河自守，无北渡意也。赫连定残根易摧，拟之必仆。克定之后，东出潼关，席卷而前，则威震南极，江、淮以北无立草矣。圣策独发，非愚近所及，愿陛下勿疑。』甲辰，魏主如统万，遂袭平凉，以卫兵将军王斤镇蒲坂。斤，建之子也。

秦自正月不雨，至于九月，民流叛者甚众。

冬，十月，以竟陵王义宣为南徐州刺史，犹戍石头。

戊午，立钱署，铸四铢钱。

到彦之、王仲德沿河置守，还保东平。

乙亥，魏安颉自委粟津济河，攻金墉。金墉不治既久，又无粮食。杜骥欲弃城走，恐获罪。初，高祖灭秦，迁其钟虡于江南，有大钟没于洛水，帝使姚耸夫将千五百人往取之。骥绐之曰：『金墉城已修完，粮食亦足，所乏者人耳。今虏骑南渡，当相与并力御之。大功既立，牵钟未晚。』耸夫从之。既至，见城不可守，乃引去，骥遂南遁。丙子，安颉拔洛阳，杀将士五千馀人。杜骥归，言于帝曰：『本欲以死固守，姚耸夫及城遽走，人情沮败，不可复禁。』上大怒，诛耸夫于寿阳。耸夫勇健，诸偏裨莫及也。

魏河北诸军会于七女津。到彦之恐其南渡，遣裨将王蟠龙溯流夺其船，杜超等击斩之。安颉与龙骧将军陆俟进攻虎牢，辛巳，拔之；尹冲及荥阳太守清河崔模降魏。

秦王暮末为河西所逼，遣其臣王恺、乌讷阗请迎于魏，魏人许以平凉、安定封之。暮末乃焚城邑，毁宝器，帅户万五千，东如上邽。至高田谷，给事黄门侍郎郭恒谋劫沮渠兴国以叛；事觉，暮末杀之。夏主闻暮末将至，发兵拒之。暮末留保南安，其故地皆入于吐谷浑。

十一月，乙酉，魏主至平凉，夏上谷公社干等婴城固守。魏主使赫连昌招之，不下，乃使安西将军古弼等将兵趣安定。夏主自鄜城还安定，将步骑二万北救平凉，与弼遇，弼伪退以诱之；夏主追之，魏主使高车驰击之，夏兵大败，斩首数千级。夏主还

走，登鹑觚原，为方阵以自固，魏兵就围之。

壬辰，加征南大将军檀道济都督征讨诸军事，帅众伐魏。

甲午，魏寿光侯叔孙建、汝阴公长孙道生济河而南。

到彦之闻洛阳、虎牢不守，诸军相继奔败，欲引兵还。殿中将军垣护之以书谏之，以为宜使竺灵秀助朱修之守滑台，自帅大军进拟河北，且曰：『昔人有连年攻战，失众乏粮，犹张胆争前，莫肯轻退。况今青州丰穰，济漕流通，士马饱逸，威力无损。若空弃滑台，坐丧成业，岂朝廷受任之旨邪！』彦之不从。护之，苗之子也。

彦之欲焚舟步走，王仲德曰：『洛阳既陷，虎牢不守，自然之势也。今虏去我犹千里，滑台尚有强兵，若遽舍舟南走，士卒必散。当引舟入济，至马耳谷口，更详所宜。』彦之先有目疾，至是大动；且将士疾疫，乃引兵自清入济。南至历城，焚舟弃甲，步趋彭城。竺灵秀弃须昌，南奔湖陆，青、兖大扰。长沙王义欣在彭城，将佐恐魏兵大至，劝义欣委镇还都，义欣不从。

魏兵攻济南，济南太守武进萧承之帅数百人拒之。魏众大集，承之使偃兵，开城门。众曰：『贼众我寡，奈何轻敌之甚！』承之曰：『今悬守穷城，事已危急，若复示弱，必为所屠，唯当见强以待之耳。』魏人疑有伏兵，遂引去。

魏军围夏主数日，断其水草，人马饥渴。丁酉，夏主引众下鹑觚原。魏武卫将军丘眷击之，夏众大溃，死者万馀人。夏主中重创，单骑走，收其馀众，驱民五万，西保上邽。魏人获夏主之弟丹阳公乌视拔、武陵公秃骨及公侯以下百馀人。是日，魏兵乘胜进攻安定，夏东平公乙斗弃城奔长安，驱略数千家，西奔上邽。

戊戌，魏叔孙建攻竺灵秀于湖陆，灵秀大败，死者五千馀人。建还屯范城。

己亥，魏主如安定。庚子，还，临平凉，掘堑围之。安慰初附，赦秦、雍之民，赐复七年。夏陇西守将降魏。

辛丑，魏安颉督诸军攻滑台。

河西王蒙逊遣尚书郎宗舒等入贡于魏，魏主与之宴，执崔浩之手以示舒等曰：『汝所闻崔公，此则是也。才略之美，于今无比。朕动止咨之，豫陈成败，若合符契，未尝失也。』

魏以叔孙建都督冀、青等四州诸军事。

魏尚书库结帅骑五千迎秦王暮末。秦卫将军吉毗以为不宜内徙，暮末从之，库结引还。

南安诸羌万馀人叛秦，推安南将军、督八郡诸军事、广宁太守焦遗为主，遗不从，

乃劫遗族子长城护军亮为主，帅众攻南安。暮末请救于氐王杨难当，难当遣将军苻献帅骑三千救之，暮末与之合击诸羌。诸羌溃，亮奔还广宁，暮末进军攻之，以手令与焦遗使取亮；十二月，遗斩亮首出降，暮末进遗号镇国将军。

辛酉，以长沙王义欣为豫州刺史，镇寿阳。寿阳土荒民散，城郭颓败，盗贼公行。义欣随宜经理，境内安业，道不拾遗，城府完实，遂为盛藩。芍陂久废，义欣修治堤防，引河水入陂，溉田万馀顷，无复旱灾。

丁卯，夏上谷公社干、广阳公度洛孤出降，魏克平凉。

关中侯豆代田得奚斤、娥清等，献于魏主。魏主以夏主之后赐代田，命斤膝行执酒以奉代田，谓斤曰：『全汝生者，代田也。』赐代田爵井陉侯，加散骑常侍、右卫将军，领内都幢将。

夏长安、临晋、武功守将皆走，关中悉入于魏。魏主留巴东公延普镇安定，以镇西将军王斤镇长安。壬申，魏主东还，以奚斤为宰士，使负酒食以从。

王斤骄矜不法，信用左右，调役百姓，民不堪命，南奔汉川者数千家。魏主案治得实，斩斤以徇。

右将军到彦之、安北将军王仲德皆下狱免官，兖州刺史竺灵秀坐弃军伏诛。上见垣

护之书而善之，以为北高平太守。

彦之之北伐也，甲兵资实甚盛；乃败还，委弃荡尽，府藏、武库为之空虚。他日，上与群臣宴，有荒外降人在坐。上问尚书库部郎顾琛：『库中仗犹有几许？』琛诡对：『有十万人仗。』上既问而悔之，得琛对，甚喜。琛，和之曾孙也。

彭城王义康与王弘并录尚书，义康意犹怏怏，欲得扬州，形于辞旨；以弘弟昙首居中，为上所亲委，愈不悦。弘以老病，屡乞骸骨，昙首自求吴郡，上皆不许。义康谓人曰：『王公久病不起，神州讵宜卧治！』昙首劝弘减府中文武之半以授义康，上听割二千人，义康乃悦。

宋纪四 起重光协洽，尽旃蒙大渊献，凡五年。

太祖文皇帝上之下

元嘉八年（辛未，公元四三一年）

春，正月，壬午朔，燕大赦，改元大兴。

丙申，檀道济等自清水救滑台，魏叔孙建、长孙道生拒之。丁酉，道济至寿张，遇魏安平公乙旃眷，道济帅宁朔将军王仲德、骁骑将军段宏奋击，大破之；转战至高梁亭，斩魏济州刺史悉烦库结。

夏主击秦将姚献，败之；遂遣其叔父北平公韦伐帅众一万攻南安。城中大饥，人相食。秦侍中、征虏将军出连辅政，侍中、右卫将军乞伏延祚，吏部尚书乞伏跋跋，逾城奔夏；秦王暮末穷蹙，舆榇出降，并沮渠兴国送于上邽。秦太子司直焦楷奔广宁，泣谓其父遗曰：『大人荷国宠灵，居藩镇重任。今本朝颠覆，岂得不率见众唱大义以殄寇仇！』遗曰：『今主上已陷贼庭，吾非爱死而忘义，顾以大兵追之，是趣绝其命也。不如择王族之贤者，奉以为主而伐之，庶有济也。』楷乃筑坛誓众，二旬之间，赴者万馀人。会遗病卒，楷不能独举事，亡奔河西。

二月，戊午，以尚书右仆射江夷为湘州刺史。

檀道济等进至济上，二十馀日间，前后与魏三十馀战，道济多捷。军至历城，叔孙建等纵轻骑邀其前后，焚烧草谷。道济军乏食，不能进。由是安颉、司马楚之等得专力攻滑台，魏主复使楚兵将军王慧龙助之。朱修之坚守数月，粮尽，与士卒熏鼠食之。辛酉，魏克滑台，执修之及东郡太守申谟，虏获万馀人。谟，钟之曾孙也。

癸酉，魏主还平城，大飨，告庙，将帅及百官皆受赏，战士赐复十年。

于是魏南鄙大水，民多饿死。尚书令刘絜言于魏主曰：『自顷边寇内侵，戎车屡驾；天赞圣明，所在克殄；方难既平，皆蒙优锡。而郡国之民，虽不征讨，服勤农桑，以供军国，实经世之大本，府库之所资。今自山以东，遍遭水害，应加哀矜，以弘覆育。』魏主从之，复境内一岁租赋。

檀道济等食尽，自历城引还；军士有亡降魏者，具告之。魏人追之，众恟惧，将溃。道济夜唱筹量沙，以所馀少米覆其上。及旦，魏军见之，谓道济资粮有馀，以降者为妄而斩之。时道济兵少，魏兵甚盛，骑士四合。道济命军士皆被甲，己白服乘舆，引兵徐出。魏人以为有伏兵，不敢逼，稍稍引退，道济全军而返。

青州刺史萧思话闻道济南归，欲委镇保险，济南太守萧承之固谏，不从。丁丑，思

话弃镇奔平昌；参军刘振之戍下邳，闻之，亦委城走。魏军竟不至，而东阳积聚已为百姓所焚。思话坐征，系尚方。

燕王立夫人慕容氏为王后。

庚戌，魏安颉等还平城。魏主嘉朱修之守节，拜侍中，妻以宗女。

初，帝之遣到彦之也，戒之曰：『若北国兵动，先其未至，径前入河；若其不动，留彭城勿进。』及安颉得宋俘，魏主始闻其言。谓公卿曰：『卿辈前谓我用崔浩计为谬，惊怖固谏。常胜之家，始皆自谓逾人，至于归终，乃不能及。』

司马楚之上疏，以为诸方已平，请大举伐宋。魏主以兵久劳，不许。征楚之为散骑常侍，以王慧龙为荥阳太守。

慧龙在郡十年，农战并修，大著声绩，归附者万馀家。帝纵反间于魏，云『慧龙自以功高位下，欲引宋人入寇，因执司马楚之以叛。』魏主闻之，赐慧龙玺书曰：『刘义隆畏将军如虎，欲相中害，朕自知之。风尘之言，想不足介意。』帝复遣客吕玄伯刺之，曰：『得慧龙首，封二百户男，赏绢千匹。』玄伯诈为降人，求屏人有所论；慧龙疑之，使人探其怀，得尺刀。玄伯叩头请死。慧龙曰：『各为其主耳。』释之。左右谏曰：『宋人为谋未已，不杀玄伯，无以制将来。』慧龙曰：『死生有命，彼亦安能害我！我以仁义为扞蔽，又何忧乎！』遂舍之。

夏，五月，庚寅，魏主如云中。

六月，乙丑，大赦。

夏主杀乞伏暮末及其宗族五百人。

夏主畏魏人之逼，拥秦民十馀万口，自治城济河，欲击河西王蒙逊而夺其地。吐谷浑王慕璝遣益州刺史慕利延、宁州刺史拾虔帅骑三万，乘其半济，邀击之，执夏主定以归，沮渠兴国被创而死。拾虔，树洛干之子也。

魏之边吏获柔然逻者二十馀人，魏主赐衣服而遣之，柔然感悦。闰月，乙未，柔然敕连可汗遣使诣魏，魏主厚礼之。

魏主遣散骑侍郎周绍来聘，且求昏；帝依违答之。

荆州刺史江夏王义恭，年浸长，欲专政事，长史刘湛每裁抑之，遂与湛有隙。帝心重湛，使人诘让义恭，且和解之。是时，王华、王昙首皆卒，领军将军殷景仁素与湛善，白帝以时贤零落，征湛为太子詹事，加给事中，共参政事。以雍州刺史张邵代湛为抚军长史、南蛮校尉。顷之，邵坐在雍州营私畜聚，赃满二百四十五万，下廷尉，当死。左卫将军谢述上表，陈邵先朝旧勋，宜蒙优贷。帝手诏酬纳，免邵官，削爵土。述谓

其子综曰：『主上矜卹夙诚，特加曲恕，吾所言谬会，故特见酬纳耳。若此迹宣布，则为侵夺主恩，不可之大者也。』使综对前焚之。帝后谓卹曰：『卿之获免，谢述有力焉。』

秋，七月，己酉，魏主如河西。

八月，乙酉，河西王蒙逊遣子安周入侍于魏。

吐谷浑王慕璝遣侍郎谢太宁奉表于魏，请送赫连定。己丑，魏以慕璝为大将军、西秦王。

左仆射临川王义庆固求解职；甲辰，以义庆为中书令，丹阳尹如故。

九月，癸丑，魏主还宫。庚申，加太尉长孙嵩柱国大将军，以左光禄大夫崔浩为司徒，征西大将军长孙道生为司空。道生性清俭，一熊皮鄣泥，数十年不易。魏主使歌工历颂群臣曰：『智如崔浩，廉若道生。』

魏主欲选使者诣河西，崔浩荐尚书李顺，乃以顺为太常。拜河西王蒙逊为侍中、都督凉州、西域、羌、戎诸军事、太傅、行征西大将军、凉州牧、凉王，王武威、张掖、敦煌、酒泉、西海、金城、西平七郡。册曰：『盛衰存亡，与魏升降。北尽穷发，南极庸、岷，西被昆岭，东至河曲，王实征之，以夹辅皇室。』置将相、群卿、百官，承制假授，建天子旌旗，出入警跸，如汉初诸侯王故事。

壬申，魏主诏曰：『今二寇摧殄，将偃武修文，理废职，举逸民。范阳卢玄、博陵崔绰、赵郡李灵、河间邢颖、勃海高允、广平游雅、太原张伟等，皆贤俊之胄，冠冕州邦。《易》曰：「我有好爵，吾与尔縻之。」如玄之比者，尽敕州郡以礼发遣。』遂征玄等及州郡所遣至者数百人，差次叙用。崔绰以母老固辞。玄等皆拜中书博士。玄，谌之曾孙，灵，顺之从父兄也。

玄舅崔浩，每与玄言，辄叹曰：『对子真使我怀古之情更深。』浩欲大整流品，明辨姓族。玄止之曰：『夫创制立事，各有其时；乐为此者，讵有几人！宜加三思。』浩不从，由是得罪于众。

初，魏昭成帝始制法令：『反逆者族。其馀当死者听入金、马赎罪。杀人者听与死家牛马、葬具以平之。盗官物，一备五；私物，一备十。』四部大人共坐王庭决辞讼，无系讯连逮之苦，境内安之。太祖入中原，患前代律令峻密，命三公郎王德删定，务崇简易。季年被疾，刑罚滥酷；太宗承之，吏文亦深。冬，十月，戊寅，世祖命崔浩更定律令，除五岁、四岁刑，增一年刑；巫蛊者，负羖羊、抱犬沉诸渊。初令官阶九品者得以官爵除刑。妇人当刑而孕，产后百日乃决。阙左悬登闻鼓，以达冤人。

魏主如漠南，十一月，丙辰，北部敕勒莫弗库若干帅所部数万骑，驱鹿数百万头，诣魏主行在。魏主大猎以赐从官。十二月，丁丑，还宫。

是岁，凉王改元义和。

林邑王范阳迈寇九德，交州兵击却之。

九年（壬申，公元四三二年）

春，正月，丙午，魏主尊保太后窦氏为皇太后，立贵人赫连氏为皇后，子晃为皇太子。大赦，改元延和。

燕王立慕容后之子王仁为太子。

三月，庚戌，卫将军王弘进位太保，加中书监。丁巳，征南大将军檀道济进位司空，还镇寻阳。

壬申，吐谷浑王慕璝送赫连定于魏，魏人杀之。慕璝上表曰：『臣俘擒僭逆，献捷王府，爵秩虽崇而土不增廓，车旗既饰而财不周赏，愿垂鉴察。』魏主下其议。公卿以为：『慕璝所致唯定而已，塞外之民皆为己有，而贪求无厌，不可许也。』魏主乃诏曰：『西秦王所得金城、枹罕、陇西之地，朕即与之，乃是裂土，何须复廓。西秦款至，绵绢随使疏数，临时增益，非一赐而止也。』自是慕璝贡使至魏者稍简。

魏方士祁纤奏改代为万年，以代尹为万年尹，代令为万年令。崔浩曰：『昔太祖应天受命，兼称代、魏，以法殷商。国家积德，当享年万亿，不待假名以为益也。纤之所闻，皆非正义，宜复旧号。』魏主从之。

夏，五月，壬申，华容文昭公王弘卒。弘明敏有思致，而轻率少威仪，性褊隘，好折辱人，人以此少之。虽贵显，不营财利；及卒，家无馀业。帝闻之，特赐钱百万，米千斛。

魏主治兵于南郊，谋伐燕。

帝遣使者赵道生聘于魏。

六月，戊寅，司徒、南徐州刺史彭城王义康改领扬州刺史。

诏分青州置冀州，治历城。

吐谷浑王慕璝遣其司马赵叙入贡，且来告捷。

庚寅，魏主伐燕。命太子晃录尚书事，时晃才五岁。又遣左仆射安原、建宁王崇等屯漠南以备柔然。

辛卯，魏主遣散骑常侍邓颖来聘。

乙未，以吐谷浑王慕璝为都督西秦、河、沙三州诸军事、征西大将军、西秦、河二

州刺史，进爵陇西王，且命慕璝悉归南方将士先没于夏者，得百五十馀人。

又加北秦州刺史杨难当征西将军。难当以兄子保宗为镇南将军，镇宕昌；以其子顺为秦州刺史，守上邽。保宗谋袭难当，事泄，难当囚之。

壬寅，以江夏王义恭为都督南兖等六州诸军事、开府仪同三司、南兖州刺史，临川王义庆为都督荆、雍等七州诸军事、荆州刺史，竟陵王义宣为中书监，衡阳王义季为南徐州刺史。初，高祖以荆州居上流之重，土地广远，资实兵甲居朝廷之半，故遗诏令诸子居之。上以义庆宗室令美，且烈武王有大功于社稷，故特用之。

秋，七月，己未，魏主至濡水。庚申，遣安东将军奚斤发幽州民及密云丁零万馀人，运攻具，出南道，会和龙。魏主至辽西，燕王遣其侍御史崔聘奉牛酒犒师。己巳，魏主至和龙。

庚午，以领军将军殷景仁为尚书仆射，太子詹事刘湛为领军将军。

益州刺史刘道济，粹之弟也，信任长史费谦、别驾张熙等，聚敛兴利，伤政害民，立官冶，禁民鼓铸而贵卖铁器，商贾失业，吁嗟满路。

流民许穆之，变姓名称司马飞龙，自云晋室近亲，往依氐王杨难当。难当因民之怨，资飞龙以兵，使侵扰益州。飞龙招合蜀人，得千馀人，攻杀巴兴令，逐阴平太守；道济遣军击斩之。道济欲以五城人帛氐奴、梁显为参军督护，费谦固执不与。氐奴等与乡人赵广构扇县人，诈言司马殿下犹在阳泉山中，聚众得数千人，引向广汉；道济参军程展会治中李抗之，将五百人击之，皆败死。巴西人唐频聚众应之，赵广等进攻涪城，陷之。于是涪陵、江阳、遂宁诸郡守皆弃城走，蜀土侨、旧俱反。

燕石城太守李崇等十郡降于魏。魏主发其民三万穿围堑以守和龙。崇，绩之子也。

八月，燕王使数万人出战，魏昌黎公丘等击破之，死者万馀人。燕尚书高绍帅万馀家保羌胡固；辛巳，魏主攻绍，斩之。平东将军贺多罗攻带方，抚军大将军永昌王健攻建德，骠骑大将军乐平王丕攻冀阳，皆拔之。九月，乙卯，魏主引兵西还，徙营丘、成周、辽东、乐浪、带方、玄菟六郡民三万家于幽州。

燕尚书郭渊劝燕王送款献女于魏，乞为附庸。燕王曰：「负衅在前，结忿已深，降附取死，不如守志更图也。」

魏主之围和龙也，宿卫之士多在战陈，行宫人少。云中镇将朱修之谋与南人袭杀魏主，因入和龙，浮海南归；以告冠军将军毛修之，毛修之不从，乃止。既而事泄，朱修之逃奔燕。魏人数伐燕，燕王遣修之南归求救。修之泛海至东莱，遂还建康，拜黄门侍郎。

赵广等进攻成都，刘道济婴城自守。贼众屯聚日久，不见司马飞龙，欲散去。广惧，将三千人及羽仪诣阳泉寺，诈云迎飞龙。至则谓道人枹罕程道养曰：『汝但自言是飞龙，则坐享富贵；不则断头！』道养惶怖许诺。广乃推道养为蜀王、车骑大将军、益、梁二州牧，改元泰始，备置百官。以道养弟道助为骠骑将军、长沙王，镇涪城；赵广、帛氏奴、梁显及其党张寻、严遐皆为将军，奉道养还成都，众至十馀万，四面围城，使人谓道济曰：『但送费谦、张熙来，我辈自解去。』道济遣中兵参军裴方明、任浪之各将千馀人出战，皆败还。

冬，十一月，乙巳，魏主还平城。

壬子，以少府中山甄法崇为益州刺史。

初，燕王嫡妃王氏，生长乐公崇，崇于兄弟为最长。及即位，立慕容氏为王后，王氏不得立，又黜崇，使镇肥如。崇母弟广平公朗、乐陵公邈相谓曰：『今国家将亡，人无愚智皆知之。王复受慕容后谮，吾兄弟死无日矣！』乃相与亡奔辽西，说崇使降魏，崇从之。会魏主使给事郎王德招崇，十二月，己丑，崇使邈如魏，请举郡降。燕王闻之，使其将封羽围崇于辽西。

魏主征诸名士之未仕者，州郡多逼遣之。魏主闻之，下诏令守宰以礼申谕，任其进退，毋得逼遣。

初，帝以少子绍为庐陵孝献王嗣，以江夏王义恭子朗为营阳王嗣；庚寅，封绍为庐陵王，朗为南丰县王。

裴方明等复出击程道养营，破之，焚其积聚。

贼党江阳杨孟子将千馀人屯城南，参军梁俊之统南楼，投书说谕孟子，邀使入城见刘道济，道济版为主簿，克期讨贼。赵广知其谋，孟子惧，将所领奔晋原，晋原太守文仲兴与之同拒守。赵广遣帛氏奴攻晋原，破之，仲兴、孟子皆死。裴方明复出击贼，屡战，破之，贼遂大溃；程道养收众得七千人，还广汉，赵广别将五千馀人还涪城。

先是，张熙说道济粜仓谷，故自九月末围城至十二月，粮储俱尽。方明将二千人出城求食，为贼所败，单马独还，贼众复大集。方明夜缒而上，道济为设食，涕泣不能食。道济曰：『卿非大丈夫，小败何苦！贼势既衰，台兵垂至，但令卿还，何忧于贼！』即减左右以配之。贼于城外扬言，云『方明已死』，城中大恐。道济夜列炬火，出方明以示众，众乃安。道济悉出财物于北射堂，令方明募人。时城中或传道济已死，莫有应者。梁俊之说道济遣左右给使三十馀人出外，且告之曰：『吾病小损，各听归家休息。』给使既出，城中乃安，应募者日有千馀人。

初，晋谢混尚晋陵公主。混死，诏公主与谢氏绝婚；公主悉以混家事委混从子弘微。混仍世宰辅，僮仆千人，唯有二女，年数岁，弘微为之纪理生业，一钱尺帛有文簿。九年而高祖即位，公主降号东乡君，听还谢氏。入门，室宇仓廪，不异平日，田畴垦辟，有加于旧。东乡君叹曰：『仆射平生重此子，可谓知人；仆射为不亡矣！』亲旧见者为之流涕。是岁，东乡君卒，公私咸谓赀财宜归二女，田宅、僮仆应属弘微。弘微一无所取，自以私禄葬东乡君。

混女夫殷睿好樗蒱，闻弘微不取财物，乃夺其妻妹及伯母、两姑之分以还戏责。内人皆化弘微之让，一无所争。或讥之曰：『谢氏累世财产，充殷君一朝戏责。理之不允，莫此为大。卿视而不言，譬弃物江海以为廉耳。设使立清名而令家内不足，亦吾所不取也。』弘微曰：『亲戚争财，为鄙之甚。今内人尚能无言，岂可导之使争乎！分多共少，不至有乏，身死之后，岂复见关也！』

秃发保周自凉奔魏，魏封保周为张掖公。

魏李顺复奉使至凉。凉王蒙逊遣中兵校郎杨定归谓顺曰：『年衰多疾，腰髀不随，不堪拜伏；比三五日消息小差，当相见。』顺曰：『王之老疾，朝廷所知；岂得自安，不见诏使！』明日，蒙逊延顺入至庭中，蒙逊箕坐隐几，无动起之状。顺正色大言曰：『不谓此叟无礼乃至于此！今不忧覆而敢陵侮天地，魂魄逝矣，何用见之！』握节将出。凉王使定归追止之，曰：『太常既雅恕衰疾，传闻朝廷有不拜之诏，是以敢自安耳。』顺曰：『齐桓公九合诸侯，一匡天下，周天下赐胙，命无下拜，桓公犹不敢失臣礼，下拜登受。今王虽功高，未如齐桓；朝廷虽相崇重，未有不拜之诏；而遽自偃蹇，此岂社稷之福邪！』蒙逊乃起，拜授诏。

使还，魏主问以凉事。顺曰：『蒙逊控制河右逾三十年，经涉艰难，粗识机变，绥集荒裔，群下畏服；虽不能贻厥孙谋，犹足以终其一世。然礼者德之舆，敬者身之基也；蒙逊无礼，不敬，以臣观之，不复年矣。』魏主曰：『易世之后，何时当灭？』顺曰：『蒙逊诸子，臣略见之，皆庸才也。如闻敦煌太守牧犍，器性粗立，继蒙逊者，必此人也。然比之于父，皆云不及。此殆天之所以资圣明也。』魏主曰：『朕方有事东方，未暇西略。如卿所言，不过数年之外，不为晚也。』

初，罽宾沙门昙无谶，自云能使鬼治病，且有秘术。凉王蒙逊甚重之，谓之『圣人』，诸女及子妇皆往受术。魏主闻之，使李顺往征之。蒙逊留不遣，仍杀之。魏主由是怨凉。蒙逊荒淫猜虐，群下苦之。

十年（癸酉，公元四三三年）

春，正月，乙卯，魏主遣永昌王健督诸军救辽西。

己未，大赦。

丙寅，魏以乐安王范为都督秦、雍等五州诸军事、卫大将军、开府仪同三司、长安镇都大将。魏主以范年少，更选旧德平西将军崔徽、征北大将军雁门张黎为之副，共镇长安。徽，宏之弟也。范谦恭宽惠，徽务敦大体，黎清约公平，政刑简易，轻徭薄赋，关中遂安。

二月，庚午，魏主以冯崇为都督幽、平、东夷诸军事、车骑大将军、幽、平二州牧，封辽西王，录其国尚书事，食辽西十郡，承制假授尚书、刺史、征虏已下官。

魏平凉休屠征西将军金崖、羌泾州刺史狄子玉与安定镇将延普争权，崖、子玉举兵攻普，不克，退保胡空谷。魏主以虎牢镇大将陆俟为安定镇大将，击崖等，皆擒之。

魏主征陆俟为散骑常侍，出为怀荒镇大将，未期岁，高车诸莫弗讼俟严急无恩，复请前镇将郎孤。魏主征俟还，以孤代之。俟既至，言于帝曰：『不过期年，郎孤必败，高车必叛。』帝怒，切责之，使以建业公归第。明年，诸莫弗果杀郎孤而叛。帝大惊，立召俟问之曰：『卿何以知其然也？』俟曰：『高车不知上下之礼，故臣临之以威，制之以法，欲以渐训导，使知分限。而诸莫弗恶臣所为，讼臣无恩，称孤之美。臣以罪去，孤获还镇，悦其称誉，益收名声，专用宽恕待之。无礼之人，易生骄慢，不过期年，无复上下，孤所不堪，必将复以法裁之。如此，则众心怨怼，必生祸乱矣。』帝笑曰：『卿身虽短，思虑何长也！』即日复以为散骑常侍。

壬午，魏主如河西。遣兼散骑常侍宋宣来聘，且为太子晃求婚；帝依违答之。

刘道济卒，梁俊之、裴方明等密埋其尸于斋后，诈为道济教命以答签疏，虽其母、妻亦不知也。程道养于毁金桥登坛郊天，方明将三千人出击之，道养等大败，退保广汉。

荆州刺史临川王义庆以巴东太守周籍之督巴西等五郡诸军事，将二千人救成都。

三月，亡人司马天助降于魏，自称晋会稽世子元显之子；魏人以为青、徐二州刺史、东海公。

壬子，魏主还宫。

赵广等自广汉至郫，连营百数。周籍之与裴方明等合兵攻郫，克之，进击广等于广汉，广等走还涪及五城。夏，四月，戊寅，始发刘道济丧。

帝闻梁、南秦二州刺史甄法护刑政不治，失氐、羌之和，乃自徙中起萧思话为梁、南秦二州刺史。法护，法崇之兄也。

凉王蒙逊病甚，国人共议，以世子菩提幼弱，立菩提之兄敦煌太守牧犍为世子，加中外都督、大将军、录尚书事。蒙逊卒，谥曰武宣王，庙号太祖。牧犍即河西王位，大赦，改元永和，立子封坛为世子，加抚军大将军、录尚书事，遣使请命于魏。牧犍聪颖好学，和雅有度量，故国人立之。

先是，魏主遣李顺迎武宣王女为夫人。会卒，牧犍称先王遗意，遣左丞宋繇送其妹兴平公主于魏，拜右昭仪。

魏主谓李顺曰：『卿言蒙逊死，今则验矣；又言牧犍立，何其妙哉！朕克凉州，亦当不远。』于是赐绢千匹，厩马一乘，进号安西将军，宠待弥厚，政事无巨细，皆与之参议。

遣顺拜牧犍都督凉沙河三州、西域羌戎诸军事、车骑将军、开府仪同三司、凉州刺史、河西王，以宋繇为河西王右相。牧犍以无功受赏，留顺，上表乞安、平一号；优诏不许。

牧犍尊敦煌刘昞为国师，亲拜之，命官属以下皆北面受业。

五月，己亥，魏主如山北。林邑王范阳迈遣使入贡，求领交州；诏答以道远，不许。

裴方明进军向涪城，破张寻、唐频，擒程道助，斩严遐，于是赵广等皆奔散。

六月，魏永昌王健、左仆射安原督诸军击和龙，将军楼勃别将五千骑围凡城。燕守将封羽以凡城降，收其三千馀家而还。辛巳，魏人发秦、雍兵一万，筑小城于长安城内。

秋，八月，冯崇上表请说降其父，魏主不听。

九月，益州刺史甄法崇至成都，收费谦，诛之。程道养、张寻将二千馀家逃入郪山，馀党各拥众藏窜山谷，时出为寇不绝。

戊午，魏主遣兼大鸿胪崔赜持节，拜氐王杨难当为征南大将军、开府仪同三司、秦、梁二州牧、南秦王。赜，逞之子也。

杨难当因萧思话未至，甄法护将下，举兵袭梁州，破白马，获晋昌太守张范，败法护参军鲁安期等；又攻葭萌，获晋寿太守范延朗。冬，十一月，丁未，法护弃城奔洋川之西城。难当遂有汉中之地，以其司马赵温为梁、秦二州刺史。

甲寅，魏主还宫。

十二月，己巳，魏大赦。

辛未，魏主如阴山之北。

魏宁朔将军卢玄来聘。

前秘书监谢灵运，好为山泽之游，穷幽极险。从者数百人，伐木开径，百姓惊扰，以为山贼。会稽太守孟顗与灵运有隙，表其有异志，发兵自防。灵运诣阙自陈。上以为临川内史。灵运游放自若，废弃郡事，为有司所纠。是岁，司徒遣使随州从事郑望生收灵运；灵运执望生，兴兵逃逸，作诗曰：『韩亡子房奋，秦帝鲁连耻。』追讨，擒之。廷尉奏灵运率众反叛，论正斩刑。上爱其才，欲免官而已。彭城王义康坚执，谓不宜恕。乃降死一等，徙广州。久之，或告灵运令人买兵器，结健儿，欲于三江口篡取之，不果。诏于广州弃市。灵运恃才放逸，多所陵忽，故及于祸。

魏立徐州于外黄，以刁雍为刺史。

十一年（甲戌，公元四三四年）

春，正月，戊戌，燕王遣使请和于魏，魏主不许。

杨难当以克汉中告捷于魏，送雍州流民七千家于长安。萧思话至襄阳，遣横野司马萧承之为前驱。承之缘道收兵，得千人，进据磝头。杨难当焚掠汉中，引众西还，留赵温守梁州；又遣其魏兴太守薛健据黄金山。思话遣阴平太守萧坦攻铁城戍，拔之。

二月，赵温、薛健与其冯翊太守蒲甲子合攻坦营，坦击破之，温等退保西水。临川王义庆遣龙骧将军裴方明将三千人助承之，拔黄金戍而据之。温弃州城，退据小城，健、甲子退保下桃城。思话继至，与承之共击赵温等，屡破之。行参军王灵济别将出洋川，攻南城，拔之，擒其守将赵英。南城空无所资，灵济引兵还，与承之合。

魏主以西海公主妻柔然敕连可汗，又纳其妹为夫人，遣颍川王提往逆之。丁卯，敕连遣其异母兄秃鹿傀送妹，并献马二千匹。魏主以其妹为左昭仪。提，曜之子也。

辛卯，魏主还宫；三月，甲寅，复如河西。

杨难当遣其子和将兵与蒲甲子等共击萧承之，相拒四十馀日，围承之数十重，短兵接，弓矢无所复施。氐悉衣犀甲，戈矛所不能入。承之断矟长数尺，以大斧椎之，一矟辄贯数人。氐不能当，烧营走，据大桃。闰月，承之等追击之，至南城，氐败走，斩获甚众，悉收汉中故地，置戍于葭萌水。

初，桓希既败，氐王杨盛据汉中，梁州刺史范元之、傅歆皆治魏兴，唯得魏兴、上庸、新城三郡。及索邈为刺史，乃治南城。至是，南城为氐所焚，不可复固，萧思话徙镇南郑。

甲戌，赫连昌叛魏西走；丙子，河西候将格杀之。魏人并其群弟诛之。

己卯，魏主还宫。

辛巳，燕王遣尚书高颙上表称藩，请罪于魏，乞以季女充掖庭；魏主乃许之，征其太子王仁入朝。燕王送魏使者于什门还平城。什门在燕二十一年，不屈节。魏主下诏褒称，以比苏武，拜治书御史，赐羊千口，帛千匹，策告宗庙，颁示天下。

戊子，休屠金当川围魏阴密。夏，四月，乙未，魏征西大将军常山王素击之。丁未，魏主行如河西。壬戌，获当川，斩之。

甄法护坐委镇，赐死于狱。杨难当遣使奉表谢罪，帝下诏赦之。

河西王牧犍遣使上表，告嗣位。戊寅，诏以牧犍为都督凉、秦等四州诸军事、征西大将军、凉州刺史、河西王。

六月，甲辰，魏主还宫。

燕王不遣太子质魏，散骑常侍刘滋谏曰：『昔刘禅有重山之险，孙皓有长江之阻，皆为晋擒。何则？强弱之势异也。今吾弱于吴、蜀而魏强于晋，不从其欲，将有危亡之祸。愿亟遣太子，而修政事，抚百姓，收离散，赈饥穷，劝农桑，省赋役，社稷犹庶几可保。』燕王怒，杀之。辛亥，魏主遣抚军大将军永昌王健等伐燕，收其禾稼，徙民而还。

秋，七月，壬午，魏主如美稷，遂至隰城，命阳平王它督诸军击山胡白龙于西河。

它，熙之子也。

魏主轻山胡，日引数十骑登山临视之。白龙伏壮士十馀处掩击之，魏主坠马，几为所擒。内入行长代人陈建以身扞之，大呼奋击，杀胡数人，身被十馀创，魏主乃免。

九月，戊子，大破胡众，斩白龙，屠其城。冬，十月，甲午，魏人破白龙馀党于五原，诛数千人，以其妻子赐将士。

十一月，魏主还宫。十二月，甲辰，复如云中。

十二年（乙亥，公元四三五年）

春，正月，己未朔，日有食之。

辛酉，大赦。

辛未，上祀南郊。

燕王数为魏所攻，遣使诣建康称藩奉贡。癸酉，诏封为燕王，江南谓之黄龙国。

甲申，魏大赦，改元太延。

有老父投书于敦煌东门，求之，不获。书曰：『凉王三十年若七年。』河西王牧犍以问奉常张慎，对曰：『昔虢之将亡，神降于莘。愿殿下崇德修政，以享三十年之祚；若盘于游田，荒于酒色，臣恐七年将有大变。』牧犍不悦。

二月，丁未，魏主还宫。

三月，癸亥，燕王遣大将汤烛入贡于魏，辞以太子王仁有疾，故未之遣。

领军将军刘湛与仆射殷景仁素善，湛之入也，景仁实引之。湛既至，以景仁位遇本不逾己，而一旦居前，意甚愤愤；俱被时遇，以景仁专管内任，谓为间己，猜隙渐生。知帝信仗景仁，不可移夺，时司徒义康专秉朝权，湛尝为义康上佐，遂委心自结，欲因宰相之力以回上意，倾黜景仁，独当时务。

夏，四月，己巳，帝加景仁中书令、中护军，即家为府；湛加太子詹事。湛愈愤怒，使义康毁景仁于帝；帝遇之益隆。景仁对亲旧叹曰：『引之令入，入便噬人！』乃称疾解职，表疏累上。帝不许，使停家养病。

湛议遣人若劫盗者于外杀之，以为帝虽知，当有以解之，不能伤义康至亲之爱。帝微闻之，迁护军府于西掖门外，使近宫禁，故湛谋不行。

义康僚属及诸附丽湛者，潜相约勒，无敢历殷氏之门。彭城王主簿沛郡刘敬文父成，未悟其机，诣景仁求郡。敬文遽往谢湛曰：『老父悖耄，遂就殷铁干禄。由敬文暗浅，上负生成，阖门惭惧，无地自处。』唯后将军司马庾炳之游二人之间，皆得其欢心，而密输忠于朝廷。景仁卧家不朝谒，帝常使炳之衔命往来，湛不疑也。炳之，登之之弟也。

燕王遣右卫将军孙德来乞师。

五月，庚申，魏主进宜都公穆寿爵为王，汝阴公长孙道生为上党王，宜城公奚斤为恒农王，广陵公楼伏连为广陵王；加寿征东大将军。寿辞曰：『臣祖父崇所以得效功前朝，流福于后者，由梁眷之忠也。今眷元勋未录，而臣独奕世受赏，心实愧之。』魏主悦，求眷后，得其孙，赐爵郡公。寿，观之子也。

龟兹、疏勒、乌孙、悦般、渴槃陁、鄯善、焉耆、车师、粟持九国入贡于魏。魏主以汉世虽通西域，有求则卑辞而来，无求则骄慢不服。盖自知去中国绝远，大兵不能至故也。今报使往来，徒为劳费，终无所益，欲不遣使。有司固请，以为：『九国不惮险远，慕义入贡，不宜拒绝，以抑将来。』乃遣使者王恩生等二十辈使西域。恩生等始渡流沙，为柔然所执，恩生见敕连可汗，持魏节不屈。魏主闻之，切责敕连，敕连乃遣恩生等还。竟不能达西域。

甲戌，魏主如云中。

六月，甲午，魏主以时和年丰，嘉瑞沓臻，诏大酺五日，遍祭百神，用答天贶。

丙午，高句丽王琏遣使入贡于魏，且请国讳。魏主使录帝系及讳以与之；拜琏都督

辽海诸军事、征东将军、辽东郡公、高句丽王。琏，钊之曾孙也。

戊申，魏主命骠骑大将军乐平王丕、镇东大将军徒河屈垣等帅骑四万伐燕。

扬州诸郡大水，己酉，运徐、豫、南兖谷以赈之。扬州西曹主簿沈亮建议，以为酒糜谷而不足疗饥，请权禁止；诏从之。亮，林子之子也。

秋，七月，魏主畋于棝阳。

己卯，魏乐平王丕等至和龙。燕王以牛酒犒军，献甲三千。屈垣责其不送侍子，掠男女六千口而还。

八月，丙戌，魏主如河西。九月，甲戌，还宫。

魏左仆射河间公安原，恃宠骄恣；或告原谋为逆，冬，十月，癸卯，原坐族诛。

甲辰，魏主如定州；十一月，乙丑，如冀州；己巳，畋于广州；丙子，如邺。

魏人数伐燕，燕日危蹙，上下忧惧。太常杨岵复劝燕王速遣太子入侍。燕王曰：『吾未忍为此。若事急，且东依高丽以图后举。』岵曰：『魏举天下以击一隅，理无不克。高丽无信，始虽相亲，终恐为变。』燕王不听，密遣尚书阳伊请迎于高丽。

丹阳尹萧摹之上言：『佛化被于中国，已历四代，形像塔寺，所在千数。自顷以来，情敬浮末，不以精诚为至，更以奢竞为重，材竹铜彩，糜损无极；无关神祇，有累人事，不为之防，流遁未息。请自今欲铸铜像及造塔寺者，皆当列言，须报乃得为之。』诏从之。摹之，思话从叔也。

魏秦州刺史薛谨击吐没骨，灭之。

杨难当释杨保宗之囚，使镇童亭。

资治通鉴卷第一百二十三

宋纪五 起柔兆困敦，尽重光大荒落，凡六年。

太祖文皇帝中之上

元嘉十三年（丙子，公元四三六年）

春，正月，癸丑朔，上有疾，不朝会。

甲寅，魏主还宫。

二月，戊子，燕王遣使入贡于魏，请送侍子，魏主不许，将举兵讨之，壬辰，遣使者十馀辈诣东方高丽等诸国告谕之。

司空、江州刺史、永修公檀道济，立功前朝，威名甚重，左右腹心并经百战，诸子又有才气，朝廷疑畏之。帝久疾不愈，刘湛说司徒义康，以为：「宫车一日晏驾，道济不复可制。」会帝疾笃，义康言于帝，召道济入朝。其妻向氏谓道济曰：「高世之勋，自古所忌。今无事相召，祸其至矣。」既至，留之累月。帝稍间，将遣还，已下渚，未发；会帝疾动，义康矫诏召道济入祖道，因执之。三月，己未，下诏称：「道济潜散金货，招诱剽猾，因朕寝疾，规肆祸心。」收付廷尉，并其子给事黄门侍郎植等十一人诛之，唯宥其孙孺。又杀司空参军薛彤、高进之。二人皆道济腹心，有勇力，时人比之关、张。

道济见收，愤怒，目光如炬，脱帻投地曰：「乃坏汝万里长城！」魏人闻之，喜曰：「道济死，吴子辈不足复惮！」

庚申，大赦；以中军将军南谯王义宣为江州刺史。

辛未，魏平东将军娥清、安西将军古弼将精骑一万伐燕，平州刺史拓跋婴帅辽西诸军会之。

氐王杨难当自称大秦王，改元建义，立妻为王后，世子为太子，置百官皆如天子之制，然犹贡奉宋、魏不绝。

夏，四月，魏娥清、古弼攻燕白狼城，克之。高丽遣其将葛卢孟光将众数万随阳伊至和龙迎燕王。高丽屯于临川。燕尚书令郭生因民之惮迁，开城门纳魏兵；魏人疑之，不入。生遂勒兵攻燕王，王引高丽兵入自东门，与生战于阙下，生中流矢死。葛卢孟光入城，命军士脱弊褐，取燕武库精仗以给之，大掠城中。

五月，乙卯，燕王帅龙城见户东徙，焚宫殿，火一旬不灭；令妇人被甲居中，阳伊等勒精兵居外，葛卢孟光帅骑殿后，方轨而进，前后八十馀里。古弼部将高苟子帅骑欲追之，弼醉，拔刀止之，故燕王得逃去。魏主闻之，怒，槛车征弼及娥清至平城，皆黜

为门卒。戊午，魏主遣散骑常侍封拨使高丽，令送燕王。

丁卯，魏主如河西。

六月，诏宁朔将军萧汪之将兵讨程道养。军至郪口，帛氏奴请降。道养兵败，还入郪山。

赫连定之西迁也，杨难当遂据上邽。秋，七月，魏主遣骠骑大将军乐平王丕、尚书令刘絜督河西、高平诸军以讨之，先遣平东将军崔赜赍诏书谕难当。

魏散骑侍郎游雅来聘。

己未，零陵王太妃褚氏卒，追谥曰晋恭思皇后，葬以晋礼。

八月，魏主畋于河西。

魏主遣广平公张黎发定州兵一万二千通莎泉道。

九月，庚戌，魏乐平王丕等至略阳；杨难当惧，请奉诏，摄上邽守兵还仇池。诸将议，以为：『不诛其豪帅，军还之后，必相聚为乱。又，大众远出，不有所掠，无以充军实，赏将士。』丕将从之，中书侍郎高允参丕军事，谏曰：『如诸将之谋，是伤其向化之心；大军既还，为乱必速。』丕乃止，抚慰初附，秋毫不犯，秦、陇遂安。难当以其子顺为雍州刺史，守下辨。

高丽不送燕王于魏，遣使奉表，称『当与冯弘俱奉王化』。魏主以高丽违诏，议击之，将发陇右骑卒。刘絜曰：『秦、陇新民，且当优复，俟其饶实，然后用之。』乐平王丕曰：『和龙新定，宜广修农桑以丰军实，然后进取，则高丽一举可灭也。』魏主乃止。

癸丑，封皇子浚为始兴王，骏为武陵王。

冬，十一月，己酉，魏主如稒阳，驱野马于云中，置野马苑。闰月，壬子，还官。

初，高祖克长安，得古铜浑仪，仪状虽举，不缀七曜。是岁，诏太史令钱乐之更铸浑仪，径六尺八分，以水转之，昏明中星与天相应。

柔然与魏绝和亲，犯魏边。

吐谷浑惠王慕璝卒，弟慕利延立。

十四年（丁丑，公元四三七年）

春，正月，戊子，魏北平宣王长孙嵩卒。

辛卯，大赦。

二月，乙卯，魏主如幽州。三月，丁丑，魏主以南平王浑为镇东大将军、仪同三司，镇和龙。己卯，还官。

帝遣散骑常侍刘熙伯如魏议纳币，会帝女亡而止。

夏，四月，赵广、张寻、梁显等各帅众降。别将王道恩斩程道养，送首，馀党悉平。丁未，以辅国将军周籍之为益州刺史。

魏主以民官多贪，夏，五月，己丑，诏吏民得举告守令不如法者。于是奸猾专求牧宰之失，迫胁在位，横于闾里；而长吏咸降心待之，贪纵如故。

丙申，魏主如云中。

秋，七月，戊子，魏永昌王健等讨山胡白龙馀党于西河，灭之。

八月，甲辰，魏主如河西。九月，甲申，还宫。

丁酉，魏主遣使者拜吐谷浑王慕利延为镇西大将军、仪同三司，改封西平王。

冬，十月，癸卯，魏主如云中。十一月，壬申，还宫。

魏主复遣散骑侍郎董琬、高明等多赍金帛，使西域，招抚九国。琬等至乌孙，其王甚喜，曰：『破洛那、者舌二国皆欲称臣致贡于魏，但无路自致耳，今使君宜过抚之。』乃遣导译送琬诣破洛那，明诣者舌。旁国闻之，争遣使者随琬等入贡，凡十六国。自是每岁朝贡不绝。

魏主以其妹武威公主妻河西王牧犍，河西王遣宋繇奉表诣平城谢，且问其母及公主所宜称。魏主使群臣议之，皆曰：『母以子贵，妻从夫爵。牧犍母宜称河西国太后，公主于其国称王后，于京师则称公主。』魏主从之。

初，牧犍娶凉武昭王之女，及魏公主至，李氏与其母尹氏迁居酒泉。顷之，李氏卒，尹氏抚之，不哭，曰：『汝国破家亡，今死晚矣。』牧犍之弟无讳镇酒泉，谓尹氏曰：『后诸孙在伊吾，后欲就之乎？』尹氏未测其意，绐之曰：『吾子孙漂荡，托身异域，馀生无几，当死此，不复为毡裘之鬼也。』未几，潜奔伊吾。无讳遣骑追及之，尹氏谓追骑曰：『沮渠酒泉许吾归北，何为复追！汝取吾首以往，吾不复还矣。』追骑不敢逼，引还。尹氏卒于伊吾。

牧犍遣将军沮渠旁周入贡于魏，魏主遣侍中古弼、尚书李顺赐其侍臣衣服，并征世子封坛入侍。是岁，牧犍遣封坛如魏，亦遣使诣建康，献杂书及敦煌赵敺所撰《甲寅元历》，并求杂书数十种，帝皆与之。

李顺自河西还，魏主问之曰：『卿往年言取凉州之策，朕以东方有事，未遑也。今和龙已平，吾欲即以此年西征，可乎？』对曰：『臣畴昔所言，以今观之，私谓不谬。然国家戎车屡动，士马疲劳，西征之议，请俟他年。』魏主乃止。

十五年（戊寅，公元四三八年）

春，二月，丁未，以吐谷浑王慕利延为都督西秦、河、沙三州诸军事、镇西大将军、西秦、河二州刺史、陇西王。

三月，癸未，魏主诏罢沙门年五十已下者。

初，燕王弘至辽东，高丽王琏遣使劳之曰：「龙城王冯君，爰适野次，士马劳乎？」弘惭怒，称制让之。高丽处之平郭，寻徙北丰。弘素侮高丽，政刑赏罚，犹如其国。高丽乃夺其侍人，取其太子王仁为质。弘怨高丽，遣使来上表求迎，上遣使者王白驹等迎之，并令高丽资遣。高丽王不欲使弘南来，遣将孙漱、高仇等杀弘于北丰，并其子孙十馀人，谥弘曰昭成皇帝。白驹等帅所领七千馀人掩讨漱、仇，杀仇，生擒漱。高丽王以白驹等专杀，遣使执送之。上以远国，不欲违其意，下白驹等狱；已而原之。

夏，四月，纳故黄门侍郎殷淳女为太子劭妃。

五月，戊寅，魏大赦。

丙申，魏主如五原。秋，七月，自五原北伐柔然。命乐平王丕督十五将出东道，永昌王健督十五将出西道，魏主自出中道。至浚稽山，复分中道为二：陈留王崇从大泽向涿邪山，魏主从浚稽北向天山，西登白阜，不见柔然而还。时漠北大旱，无水草，人马多死。

冬，十一月，丁卯朔，日有食之。

十二月，丁巳，魏主至平城。

豫章雷次宗好学，隐居庐山。尝征为散骑侍郎，不就。是岁，以处士征至建康，为开馆于鸡笼山，使聚徒教授。帝雅好艺文，使丹阳尹庐江何尚之立玄学，太子率更令何承天立史学，司徒参军谢元立文学，并次宗儒学为四学。元，灵运之从祖弟也。帝数幸次宗学馆，令次宗以巾褠侍讲，资给甚厚。又除给事中，不就。久之，还庐山。

臣光曰：《易》曰：『君子多识前言往行，以畜其德。』孔子曰：『辞达而已矣。』然则史者儒之一端，文者儒之馀事；至于老、庄虚无，固非所以为教也。夫学者所以求道；天下无二道，安有四学哉！

帝性仁厚恭俭，勤于为政，守法而不峻，容物而不弛。百官皆久于其职，守宰以六期为断，吏不苟免，民有所系。三十年间，四境之内，晏安无事，户口蕃息；出租供徭，止于岁赋，晨出暮归，自事而已。闾阎之间，讲诵相闻；士敦操尚，乡耻轻薄。江左风俗，于斯为美。后之言政治者，皆称元嘉焉。

十六年（己卯，公元四三九年）

春，正月，庚寅，司徒义康进位大将军、领司徒，南兖州刺史、江夏王义恭进位司

空。

魏主如定州。

初，高祖遗诏，令诸子次第居荆州。临川王义庆在荆州八年，欲为之选代，其次应在南谯王义宣。帝以义宣人才凡鄙，置不用；二月，己亥，以衡阳王义季为都督荆、湘等八州诸军事、荆州刺史。义季尝春月出畋，有老父被苦而耕，左右斥之，老父曰：『盘于游畋，古人所戒。今阳和布气，一日不耕，民失其时，奈何以从禽之乐而驱斥老农也！』义季止马曰：『贤者也！』命赐之食，辞曰：『大王不夺农时，则境内之民皆饱大王之食，老夫何敢独受大王之赐乎！』义季问其名，不告而退。

三月，魏雍州刺史葛那寇上洛，上洛太守镡长生弃郡走。

辛未，魏主还宫。

杨保宗与兄保显自童亭奔魏。庚寅，魏主以保宗为都督陇西诸军事、征西大将军、开府仪同三司、秦州牧、武都王，镇上邽，妻以公主；保显为镇西将军、晋寿公。

河西王牧犍通于其嫂李氏，兄弟三人传嬖之。李氏与牧犍之姊共毒魏公主，魏主遣解毒医乘传救之，得愈。魏主征李氏，牧犍不遣，厚资给，使居酒泉。

魏每遣使者诣西域，常诏牧犍发导护送出流沙。使者自西域还，至武威，牧犍左右

有告魏使者曰：『我君承蠕蠕可汗妄言云：「去岁魏天子自来伐我，士马疫死，大败而还；我擒其长弟乐平王丕。」我君大喜，宣言于国。又闻可汗遣使告西域诸国，称：「魏已削弱，今天下唯我为强，若更有魏使，勿复供奉。」西域诸国颇有贰心。』使还，具以状闻。魏主遣尚书贺多罗使凉州观虚实，多罗还，亦言牧犍虽外修臣礼，内实乖悖。

魏主欲讨之，以问崔浩。对曰：『牧犍逆心已露，不可不诛。官军往年北伐，虽不克获，实无所损。战马三十万匹，计在道死伤不满八千，常岁羸死亦不减万匹。而远方乘虚，遽谓衰耗不能复振。今出其不意，大军猝至，彼必骇扰，不知所为，擒之必矣。』魏主曰：『善！吾意亦以为然。』于是大集公卿议于西堂。

弘农王奚斤等三十馀人皆曰：『牧犍，西垂下国，虽心不纯臣，然继父位以来，职贡不乏。朝廷待以藩臣，妻以公主；今其罪恶未彰，宜加恕宥。国家新征蠕蠕，士马疲弊，未可大举。且闻其土地卤瘠，难得水草，大军既至，彼必婴城固守。攻之不拔，野无所掠，此危道也。』

初，崔浩恶尚书李顺，顺使凉州凡十二返，魏主以为能。凉武宣王数与顺游宴，对其群下时为骄慢之语；恐顺泄之，随以金宝纳于顺怀，顺亦为之隐。浩知之，密以白魏

主，魏主未之信。及议伐凉州，顺与尚书古弼皆曰：『自温圉水以西至姑臧，地皆枯石，绝无水草。彼人言，姑臧城南天梯山上，冬有积雪，深至丈馀，春夏消释，下流成川，居民引以溉灌。彼闻军至，决此渠口，水必乏绝。环城百里之内，地不生草，人马饥渴，难以久留。斤等之议是也。』魏主乃命浩与斤等相诘难。众无复他言，但云『彼无水草』。浩曰：『《汉书·地理志》称「凉州之畜为天下饶」，若无水草，畜何以蕃？又，汉人终不于无水草之地筑城郭，建郡县也。且雪之消释，仅能敛尘，何得通渠溉灌乎！此言大为欺诬矣。』李顺曰：『耳闻不如目见，吾尝目见，何可共辩』浩曰：『汝受人金钱，欲为之游说，谓我目不见便可欺邪！』帝隐听，闻之，乃出见斤等，辞色严厉，群臣不敢复言，唯唯而已。

群臣既出，振威将军代人伊馛言于帝曰：『凉州若果无水草，彼何以为国？众议皆不可用，宜从浩言。』帝善之。

夏，五月，丁丑，魏主治兵于西郊；六月，甲辰，发平城。使侍中宜都王穆寿辅太子晃监国，决留台事，内外听焉。又使大将军长乐王稽敬、辅国大将军建宁王崇将二万人屯漠南以备柔然。命公卿为书以让河西王牧犍，数其十二罪，且曰：『若亲帅群臣委贽远迎，谒拜马首，上策也。六军既临，面缚舆榇，其次也。若守迷穷城，不时悛悟，身死族灭，为世大戮。宜思厥中，自求多福！』

己酉，改封陇西王吐谷浑慕利延为河南王。

魏主自云中济河，秋，七月，己巳，至上郡属国城。壬午，留辎重，部分诸军，使抚军大将军永昌王健、尚书令刘絜与常山王素为前锋，两道并进；骠骑大将军乐平王丕、太宰阳平王杜超为后继；以平西将军源贺为乡导。

魏主问贺以取凉州方略，对曰：『姑臧城旁有四部鲜卑，皆臣祖父旧民，臣愿处军前，宣国威信，示以祸福，必相帅归命。外援既服，然后取其孤城，如反掌耳。』魏主曰：『善！』

八月，甲午，永昌王健获河西畜产二十馀万。

河西王牧犍闻有魏师，惊曰：『何为乃尔！』用左丞姚定国计，不肯出迎，求救于柔然。遣其弟征南大将军董来将兵万馀人出战于城南，望风奔溃。刘絜用卜者言，以为日辰不利，敛兵不追，董来遂得入城。魏主由是怒之。

丙申，魏主至姑臧，遣使谕牧犍令出降。牧犍闻柔然欲入魏边为寇，冀幸魏主东还，遂婴城固守；其兄子祖逾城出降，魏主具知其情，乃分军围之。源贺引兵招慰诸部下三万馀落，故魏主得专攻姑臧，无复外虑。

魏主见姑臧城外水草丰饶，由是恨李顺，谓崔浩曰：『卿之昔言，今果验矣。』对曰：『臣之言不敢不实，类皆如此。』

魏主之将伐凉州也，太子晃亦以为疑。至是，魏主赐太子诏曰：『姑臧城东、西门外，涌泉合于城北，其大如河。自馀沟渠流入漠中，其间乃无燥地。故有此敕，以释汝疑。』

庚子，立皇子铄为南平王。

九月，丙戌，河西王牧犍兄子万年帅所领降魏。姑臧城溃，牧犍帅其文武五千人面缚请降，魏主释其缚而礼之。收其城内户口二十馀万，仓库珍宝不可胜计。使张掖王秃发保周、龙骧将军穆罴、安远将军源贺分徇诸郡，杂胡降者又数十万。

初，牧犍以其弟无讳为沙州刺史、都督建康以西诸军事、领酒泉太守，宜得为秦州刺史、都督丹岭以西诸军事、领张掖太守，安周为乐都太守，从弟唐儿为敦煌太守。及姑臧破，魏主遣镇南将军代人奚眷击张掖，镇北将军封沓击乐都。宜得烧仓库，西奔酒泉；安周南奔吐谷浑，封沓掠数千户而还。奚眷进攻酒泉，无讳、宜得收遗民奔晋昌，遂就唐儿于敦煌。魏主使弋阳公元絜守酒泉，及武威、张掖皆置将守之。

魏主置酒姑臧，谓群臣曰：『崔公智略有馀，吾不复以为奇。伊馛弓马之士，而所见乃与崔公同，深可奇也！』馛善射，能曳牛却行，走及奔马，而性忠谨，故魏主特爱之。

魏主之西伐也，穆寿送至河上，魏主敕之曰：『吴提与牧犍相结素深，闻朕讨牧犍，吴提必犯塞，朕故留壮兵肥马，使卿辅佐太子。收田既毕，即发兵诣漠南，分伏要害以待虏至。引使深入，然后击之，无不克矣。凉州路远，朕不得救，卿勿违朕言！』寿顿首受命。寿雅信中书博士公孙质，以为谋主。寿、质皆信卜筮，以为柔然必不来，不为之备。质，轨之弟也。

柔然敕连可汗闻魏主向姑臧，乘虚入寇，留其兄乞列归与嵇敬、建宁王崇相拒于北镇，自帅精骑深入，至善无七介山，平城大骇，民争走中城。穆寿不知所为，欲塞西郭门，请太子避保南山，窦太后不听而止。遣司空长孙道生、征北大将军张黎拒之于吐颓山。会嵇敬、建宁王崇击破乞列归于阴山之北，擒之，并其伯父他吾无鹿胡及将帅五百人，斩首万馀级。敕连闻之，遁去；追至漠南而还。

冬，十月，辛酉，魏主东还，留乐平王丕及征西将军贺多罗镇凉州，徙沮渠牧犍宗族及吏民三万户于平城。

癸亥，秃发保周帅诸部鲜卑据张掖叛魏。

十二月，乙亥，太子劭加元服，大赦。劭美鬚眉，好读书，便弓马，喜延宾客；意之所欲，上必从之，东宫置兵与羽林等。

壬午，魏主至平城，以柔然入寇，无大失亡，故穆寿等得不诛。魏主犹以妹婿待沮渠牧犍，征西大将军、河西王如故。牧犍母卒，葬以太妃之礼；武宣王置守冢三十家。

凉州自张氏以来，号为多士。沮渠牧犍尤喜文学，以敦煌阚骃为姑臧太守，张湛为兵部尚书，刘昞、索敞、阴兴为国师助教，金城宋钦为世子洗马，赵柔为金部郎，广平程骏、骏从弟弘为世子侍讲。魏主克凉州，皆礼而用之，以阚骃、刘昞为乐平王丕从事中郎。安定胡叟，少有俊才，往从牧犍，牧犍不甚重之，叟谓程弘曰：『贵主居僻陋之国而淫名僭礼，以小事大而心不纯壹，外慕仁义而实无道德，其亡可翘足待也。吾将择木，先集于魏；与子暂违，非久阔也。』遂适魏。岁馀而牧犍败。魏主以叟为先识，拜虎威将军，赐爵始复男。河内常爽，世寓凉州，不受礼命，魏主以为宣威将军。河西右相宋繇从魏主至平城而卒。

魏主以索敞为中书博士。时魏朝方尚武功，贵游子弟不以讲学为意。敞为博士十馀年，勤于诱导，肃而有礼，贵游皆严惮之，多所成立，前后显达至尚书、牧守者数十人。常爽置馆于温水之右，教授七百馀人；爽立赏罚之科，弟子事之如严君。由是魏之儒风始振。高允每称爽训厉有方，曰：『文翁柔胜，先生刚克，立教虽殊，成人一也。』

陈留江强，寓居凉州，献经、史、诸子千馀卷及书法，亦拜中书博士。魏主命崔浩监秘书事，综理史职；以中书侍郎高允、散骑侍郎张伟参典著作。浩启称：『阴仲达、段承根，凉土美才，请同修国史。』皆除著作郎。仲达，武威人；承根，晖之子也。

浩集诸历家，考校汉元以来日月薄食、五星行度，并讥前史之失，别为《魏历》，以示高允。允曰：『汉元年十月，五星聚东井，此乃历术之浅事；今讥汉史而不觉此谬，恐后人之讥今犹今之讥古也。』浩曰：『所谬云何？』允曰：『按《星传》：「太白、辰星常附日而行。」十月，日在尾、箕，昏没于申南，而东井方出于寅北，二星何得背日而行？是史官欲神其事，不复推之于理也。』浩曰：『天文欲为变者，何所不可邪？』允曰：『此不可以空言争，宜更审之。』坐者咸怪允之言，唯东宫少傅游雅曰：『高君精于历数，当不虚也。』后岁馀，浩谓允曰：『先所论者，本不经心；及更考究，果如君言。五星乃以前三月聚东井，非十月也。』众乃叹服。允虽明历，初不推步及为人论说，唯游雅知之。雅数以灾异问允，允曰：『阴阳灾异，知之甚难；既已知之，复恐漏泄，不如不知也。天下妙理至多，何以问此！』雅乃止。魏主问允：『为政何先？』时魏多封禁良田，允曰：『臣少贱，唯知农事。若国家广田积谷，公私有备，则

饥馑不足忧矣。』帝乃命悉除田禁以赋百姓。

吐谷浑王慕利延闻魏克凉州，大惧，帅众西遁，逾沙漠。魏主以其兄慕璝有擒赫连定之功，遣使抚谕之，慕利延乃还故地。

氐王杨难当将兵数万寇魏上邽，秦州人多应之。东平吕罗汉说镇将拓跋意头曰：『难当众甚，今不出战，示之以弱，众情离沮，不可守也。』意头遣罗汉将精骑千余出冲难当陈，所向披靡，杀其左右骑八人，难当大惊。会魏主以玺书责让难当，难当引还仇池。

南丰太妃司马氏卒，故营阳王之后也。

赵广、张寻等复谋反，伏诛。

十七年（庚辰，公元四四〇年）

春，正月，己酉，沮渠无讳寇魏酒泉，元絜轻之，出城与语；壬子，无讳执絜以围酒泉。

二月，魏假通直常侍邢颖来聘。

三月，沮渠无讳拔酒泉。

夏，四月，戊午朔，日有食之。

庚辰，沮渠无讳寇魏张掖，秃发保周屯删丹；丙戌，魏主遣抚军大将军永昌王健督诸将讨之。

司徒义康专总朝权。上羸疾积年，心劳辄发，屡至危殆；义康尽心营奉，药食非口所亲尝不进，或连夕不寐，内外众事皆专决施行。性好吏职，纠剔文案，莫不精尽。上由是多委以事，凡所陈奏，入无不可；方伯以下，并令义康选用，生杀大事，或以录命断之。势倾远近，朝野辐凑，每旦府门常有车数百乘，义康倾身引接，未尝懈倦。复能强记，耳目所经，终身不忘；好于稠人广席，标题所忆以示聪明。士之干练者，多被意遇。尝谓刘湛曰：『王敬弘、王球之属，竟何所堪！坐取富贵，复那可解！』然素无学术，不识大体，朝士有才用者皆引入己府，府僚无施及忤旨者乃斥为台官。自谓兄弟至亲，不复存君臣形迹，率心而行，曾无猜防。私置僮六千余人，不以言台，四方献馈，皆以上品荐义康，而以次者供御；上尝冬月啖甘，叹其形味并劣，义康曰：『今年甘殊有佳者。』遣人还东府取甘，大供御者三寸。

领军刘湛与仆射殷景仁有隙，湛欲倚义康之重以倾之。义康权势已盛，湛愈推崇之，无复人臣之礼，上浸不能平。湛初入朝，上恩礼甚厚。湛善论治道，谙前代故事，叙致铨理，听者忘疲。每入云龙门，御者即解驾，左右及羽仪随意分散，不夕不出，以

与语，常视日早晚，虑其将去；比入，吾亦视日早晚，苦其不去。』

殷景仁密言于上曰：『相王权重，非社稷计，宜少加裁抑。』上阴然之。

司徒左长史刘斌，湛之宗也；大将军从事中郎王履，谧之孙也；及主簿刘敬文，祭酒鲁郡孔胤秀，皆以倾谄有宠于义康；见上多疾，皆谓『宫车一日晏驾，宜立长君。』上尝疾笃，使义康具顾命诏。义康还省，流涕以告湛及景仁。湛曰：『天下艰难，讵是幼主所御！』义康、景仁并不答。而胤秀等辄就尚书义曹索晋咸康末立康帝旧事，义康不知也；及上疾瘳，微闻之。而斌等密谋，欲使大业终归义康，遂邀结朋党，伺察禁省，有不与己同者，必百方构陷之，又采拾景仁短长，或虚造异同以告湛。自是主、相之势分矣。

义康欲以刘斌为丹阳尹，言次，启上陈其家贫。言未卒，上曰：『以为吴郡。』后会稽太守羊玄保求还，义康又欲以斌代之，启上曰：『养玄保求还，不审以谁为会稽？』上时未有所拟，仓猝曰：『我已用王鸿。』自去年秋，上不复往东府。

五月，癸巳，刘湛遭母忧去职。湛自知罪衅已彰，无复全地，谓所亲曰：『今年必

乙巳，沮渠无讳复围张掖，不克，退保临松。魏主不复加讨，但以诏谕之。

六月，丁丑，魏皇孙浚生，大赦，改元太平真君，取寇谦之《神书》云『辅佐北方太平真君』故也。

太子劭诣京口拜京陵，司徒义康、竟陵王诞等并从，南兖州刺史、江夏王义恭自江都会之。

秋，七月，己丑，魏永昌王健击破秃发保周于番禾；保周走，遣安南将军尉眷追

丙申，魏太后窦氏殂。

壬子，皇后袁氏殂。

癸丑，秃发保周穷迫自杀。

八月，甲申，沮渠无讳使其中尉梁伟诣魏永昌王健请降，归酒泉郡及所虏将士元絜等。魏主使尉眷留镇凉州。

九月，壬子，葬元皇后。

上以司徒彭城王义康嫌隙已著，将成祸乱。冬，十月，戊申，收刘湛付廷尉，下诏暴其罪恶，就狱诛之，并诛其子黯、亮、俨及其党刘斌、刘敬文、孔胤秀等八人；徙尚

书库部郎何默子等五人于广州，因大赦。是日，敕义康入宿，留止中书省。其夕，分收湛等；青州刺史杜骥勒兵殿内以备非常，遣人宣旨告义康以湛等罪状。义康上表逊位，诏以义康为江州刺史，侍中、大将军如故，出镇豫章。

初，殷景仁卧疾五年，虽不见上，而密函去来，日以十数，朝政大小，必以咨之；影迹周密，莫有窥其际者。收湛之日，景仁使拂拭衣冠，左右皆不晓其意。其夜，上出华林园延贤堂，召景仁。景仁犹称脚疾，以小床舆就坐；诛讨处分，一以委之。

初，檀道济荐吴兴沈庆之忠谨晓兵，上使领队防东掖门。刘湛为领军，尝谓之曰：『卿在省岁久，比当相论。』庆之正色曰：『下官在省十年，自应得转，不复以此仰累！』收湛之夕，上开门召庆之，庆之戎服缚袴而入，上曰：『卿何意乃尔急装？』庆之曰：『夜半唤队主，不容缓服。』上遣庆之收刘斌，杀之。

骁骑将军徐湛之，逵之之子也，与义康尤亲厚，上深衔之。义康败，湛之被收，罪当死。其母会稽公主，于兄弟为长嫡，素为上所礼，家事大小，必咨而后行。高祖微时，尝自于新洲伐荻，有纳布衫袄，臧皇后手所作也；既贵，以付公主曰：『后世有骄奢不节，可以此衣示之。』至是，公主入宫见上，号哭，不复施臣妾之礼，以锦囊盛纳衣掷地曰：『汝家本贫贱，此是我母为汝父所作；今日得一饱餐，遽欲杀我儿邪！』上乃赦之。

吏部尚书王球，履之叔父也，以简淡有美名，为上所重。履性进利，深结义康及湛；球屡戒之，不从。诛湛之夕，履徒跣告球，球命左右为取履，先温酒与之，谓曰：『常日语汝云何？』履怖跣告球，球命左右为取履，先温酒与之，谓曰：『常日语汝云何？』履怖惧不得答。球徐曰：『阿父在，汝亦何忧！』上以球故，履得免死，废于家。

义康方用事，人争求亲昵，唯司徒主簿江湛早能自疏，求出为武陵内史。檀道济尝为其子求婚于湛，湛固辞，道济因义康以请之，湛拒之愈坚，故不染于二公之难。上闻而嘉之。湛，夷之子也。

彭城王义康停省十馀日，见上奉辞，便下渚；上惟对之恸哭，馀无所言。上遣沙门慧琳视之，义康曰：『弟子有还理不？』慧琳曰：『恨公不读数百卷书！』

初，吴兴太守谢述，裕之弟也，累佐义康，数有规益，早卒。义康将南，叹曰：『昔谢述唯劝吾退，刘班唯劝吾进；今班存而述死，其败也宜哉！』上亦曰：『谢述若存，义康必不至此！』

以征虏司马萧斌为义康咨议参军，领豫章太守，事无大小，皆以委之。斌，摹之之

子也。使龙骧将军萧承之将兵防守。义康左右爱念者，并听随从；资奉优厚，信赐相系，朝廷大事皆报示之。

久之，上就会稽公主宴集，甚欢；主起，再拜叩头，悲不自胜。上不晓其意，自起扶之。主曰：『车子岁暮必不为陛下所容，今特请其命。』因恸哭。上亦流涕，指蒋山曰：『必无此虑。若违今誓，便是负初宁陵。』即封所饮酒赐义康，并书曰：『会稽姊饮宴忆弟，所馀酒今封送。』故终主之身，义康得无恙。

臣光曰：文帝之于义康，友爱之情，其始非不隆也。终于失兄弟之欢，亏君臣之义，迹其乱阶，正由刘湛权利之心无有厌已。《诗》云：『贪人败类。』其是之谓乎！

征南兖州刺史江夏王义恭为司徒、录尚书事。戊寅，以临川王义庆为南兖州刺史，殷景仁为扬州刺史，仆射、吏部尚书如故。义恭惩彭城之败，虽为总录，奉行文书而已，上乃安之。上年给相府钱二千万，他物称此；而义恭性奢，用常不足，上又别给钱，年至千万。

十一月，丁亥，魏主如山北。

殷景仁既拜扬州，羸疾遂笃，上为之敕西州道上不得有车声。癸丑，卒。

十二月，癸亥，以光禄大夫王球为仆射。戊辰，以始兴王浚为扬州刺史。时浚尚幼，州事悉委后军长史范晔、主簿沈璞。晔，泰之子；璞，林子之子也。晔寻迁左卫将军，以吏部郎沈演之为右卫将军，对掌禁旅；又以庾炳之为吏部郎，俱参机密。演之，劲之曾孙也。

晔有隽才，而薄情浅行，数犯名教，为士流所鄙。性躁竞，自谓才用不尽，常怏怏不得志。吏部尚书何尚之言于帝曰：『范晔志趋异常，请出为广州刺史；若在内衅成，不得不加铁钺。铁钺亟行，非国家之美也。』帝曰：『始诛刘湛，复迁范晔，人将谓卿等不能容才，朕信受谗言。但共知其如此，无能为害也。』

是岁，魏宁南将军王慧龙卒，吕玄伯留守其墓，终身不去。

魏主欲以伊馛为尚书，封郡公，馛辞曰：『尚书务殷，公爵至重，非臣年少愚近所宜膺受。』帝问其所欲，对曰：『中、秘二省多诸文士，若恩矜不已，请参其次。』帝善之，以为中护军将军、秘书监。

大秦王杨难当复称武都王。

十八年（辛巳，公元四四一年）

春，正月，癸卯，魏以沮渠无讳为征西大将军、凉州牧、酒泉王。

彭城王义康至豫章，辞刺史；甲辰，以义康都督江、交、广三州诸军事。前龙骧参军巴东扶令育诣阙上表，称：「昔袁盎谏汉文帝曰：『淮南王若道路遇霜露死，陛下有杀弟之名。』文帝不用，追悔无及。彭城王义康，先朝之爱子，陛下之次弟，若有迷谬之愆，正可数之以善恶，导之以义方，奈何信疑似之嫌，一旦黜削，远送南垂！草莱黔首，皆为陛下痛之。庐陵往事，足为龟鉴。恐义康年穷命尽，奄忽于南，臣虽微贱，窃为陛下羞之。陛下徒知恶枝之宜伐，岂知伐枝之伤树！伏愿亟召义康返于京甸，兄弟协和，君臣辑睦，则四海之望塞，多言之路绝矣。何必司徒公、扬州牧然后可以置彭城王哉！若臣所言于国为非，请伏重诛以谢陛下。」表奏，即收付建康狱，赐死。

裴子野论曰：夫在上为善，若云行雨施，万物受其赐；及其恶也，若天裂地震，万物所惊骇，其谁弗知，其谁弗见！岂戮一人之身，钳一夫之口，所能攘逃，所能弭灭哉？是皆不胜其忿怒而有增于疾疹也。以太祖之含弘，尚掩耳于彭城之戮，自斯以后，谁易由言！有宋累叶，罕闻直谅，岂骨鲠之气，俗愧前古？抑时王刑政使之然乎？张约陨于权臣，扶育毙于哲后，宋之鼎镬，吁，可畏哉！

魏新兴王俊荒淫不法，三月，庚戌，降爵为公。俊母先得罪死，俊积怨望，有逆谋；事觉，赐死。

辛亥，魏赐郁久闾乞列归爵为朔方王，沮渠万年为张掖王。

夏，四月，沮渠唐儿叛沮渠无讳；无讳留从弟天周守酒泉，与弟宜得引兵击唐儿，唐儿败死。魏以无讳终为边患，庚辰，遣镇南将军奚眷击酒泉。

秋，八月，辛亥，魏遣散骑侍郎张伟来聘。

九月，戊戌，魏永昌王健卒。

冬，十一月，戊子，王球卒。己亥，以丹阳尹孟顗为尚书仆射。

酒泉城中食尽，万馀口皆饿死，沮渠天周杀妻以食战士。庚子，魏奚眷拔酒泉，获天周，送平城，杀之。沮渠无讳乏食，且畏魏兵之盛，乃谋西度流沙，遣其弟安周西击鄯善。鄯善王欲降，会魏使者至，劝令拒守；安周不能克，退保东城。

氐王杨难当倾国入寇，谋据蜀土，遣其建忠将军苻冲出东洛以御梁州兵；梁、秦二州刺史刘真道击冲，斩之。真道，怀敬之子也。难当攻拔葭萌，获晋寿太守申坦，遂围涪城。巴西、梓潼二郡太守刘道锡婴城固守，难当攻之十馀日，不克，乃还。道锡，道产之弟也。十二月，癸亥，诏龙骧将军裴方明等帅甲士三千人，又发荆、雍二州兵以讨难当，皆受刘真道节度。

晋宁太守爨松子反，宁州刺史徐循讨平之。

天门蛮田向求等反，破溇中；荆州刺史衡阳王义季遣行参军曹孙念讨破之。

魏寇谦之言于魏主曰：「今陛下以真君御世，建静轮天宫之法，开古以来，未之有也。应登受符书，以彰圣德。」帝从之。

资治通鉴卷第一百二十四

宋纪六 起玄黓敦牂，尽柔兆阉茂，凡五年。

太祖文皇帝中之中

元嘉十九年（壬午，公元四四二年）

春，正月，甲申，魏主备法驾，诣道坛受符箓，旗帜尽青。自是每帝即位皆受箓。谦之又奏作静轮宫，必令其高不闻鸡犬，欲以上接天神。崔浩劝帝为之，功费万计，经年不成。太子晃谏曰：『天人道殊，卑高定分，不可相接，理在必然。今虚耗府库，疲弊百姓，为无益之事，将安用之！必如谦之所言，请因东山万仞之高，为功差易。』帝不从。

夏，四月，沮渠无讳将万馀家，弃敦煌西就沮渠安周。未至，鄯善王比龙畏之，将其众奔且末，其世子降于安周。无讳遂据鄯善，其士卒经流沙，渴死者太半。

李宝自伊吾帅众二千入据敦煌，缮修城府，安集故民。

沮渠牧犍之亡也，凉州人阚爽据高昌，自称太守。唐契为柔然所逼，拥众西趋高昌，欲夺其地。柔然遣其将阿若追击之，契败死。契弟和收馀众奔车师前部王伊洛。时沮渠安周屯横截城，和攻拔之，又拔高宁、白力二城，遣使请降于魏。

甲戌，上以疾愈，大赦。

五月，裴方明等至汉中，与刘真道等分兵攻武兴、下辩、白水，皆取之。杨难当遣建节将军符弘祖守兰皋，使其子抚军大将军和将重兵为后继。方明与弘祖战于浊水，大破之，斩弘祖；和退走，追至赤亭，又破之。难当奔上邽；获难当兄子建节将军保炽。难当以其子虎为益州刺史，守阴平，闻难当走，引兵还，至下辩；方明使其子肃之邀击之，擒虎，送建康，斩之；仇池平。以辅国司马胡崇之为北秦州刺史，镇其地；立杨保炽为杨玄后，使守仇池。魏人遣中山王辰迎杨难当诣平城。秋，七月，以刘真道为雍州刺史，裴方明为梁、南秦二州刺史；方明辞不拜。

丙寅，魏主使安西将军古弼督陇右诸军，及殿中虎贲与武都王杨保宗自祁山南入，征西将军渔阳皮豹子与琅邪王司马楚之，督关中诸军自散关西入，俱会仇池。又使谯王司马文思督洛、豫诸军南趋襄阳，征南将军刁雍东趋广陵，移书徐州，称为杨难当报仇。

甲戌晦，日有食之。

唐契之攻阚爽也，爽遣使诈降于沮渠无讳，欲与之共击契。八月，无讳将其众趋高昌；比至，契已死，爽闭门拒之。九月，无讳将卫兴奴夜袭高昌，屠其城，爽奔柔然。

无讳据高昌，遣其常侍汜隽奉表诣建康。诏以无讳都督凉、河、沙三州诸军事、征西大将军、凉州刺史、河西王。

冬，十月，己卯，魏立皇子伏罗为晋王，翰为秦王，谭为燕王，建为楚王，余为吴王。

甲申，柔然遣使诣建康。

十二月，辛巳，魏襄城孝王卢鲁元卒。

丙申，诏鲁郡修孔子庙及学舍，蠲墓侧五户课役以供洒扫。

李宝遣其弟怀达、子承奉表诣平城；魏人以宝为都督西垂诸军事、镇西大将军、开府仪同三司、沙州牧、敦煌公，四品以下听承制假授。

雍州刺史晋安襄侯刘道产卒。道产善为政，民安其业，小大丰赡，由是民间有《襄阳乐歌》。山蛮前后不可制者皆出，缘沔为村落，户口殷盛。及卒，蛮追送至沔口。未几，群蛮大动，征西司马朱修之讨之，不利；诏建威将军沈庆之代之，杀虏万馀人。

魏主使尚书李顺差次群臣，赐以爵位；顺受贿，品第不平。是岁，凉州人徐桀告之，魏主怒，且以顺保庇沮渠氏，面欺误国，赐顺死。

二十年（癸未，公元四四三年）

春，正月，魏皮豹子进击乐乡，将军王奂之等败没。魏军进至下辩，将军强玄明等败死。二月，胡崇之与魏战于浊水，崇之为魏所擒，馀众走还汉中。将军姜道祖兵败，降魏，魏遂取仇池。杨保炽走。

丙午，魏主如恒山之阳；三月，庚申，还宫。

壬戌，乌洛侯国遣使如魏。初，魏之居北荒也，凿石为庙，在乌洛侯西北，以祀其先，高七十尺，深九十步。及乌洛侯使者至魏，言石庙具在，魏主遣中书侍郎李敞诣石庙致祭，刻祝文于壁而还，去平城四千馀里。

魏河间公齐与武都王杨保宗对镇雒谷，保宗弟文德说保宗，令闭险自固以叛魏。或以告齐，夏，四月，齐诱执保宗，送平城，杀之。前镇东司苻达、征西从事中郎任朏等遂举兵立杨文德为主，据白崖，分兵取诸戍，进围仇池，自号征西将军、秦、河、梁三州牧、仇池公。

甲午，立皇子诞为广陵王。

丁酉，魏大赦。

己亥，魏主如阴山。

五月，魏古弼发上邽、高平、汧城诸军击杨文德，文德退走。皮豹子督关中诸军至

下辩，闻仇池解围，欲还；弼遣人谓豹子曰：『宋人耻败，必将复来。军还之后，再举为难，不如练兵蓄力以待之。不出秋冬，宋师必至；以逸待劳，无不克矣。』豹子从之。魏以豹子为仇池镇将。

杨文德遣使来求援。秋，七月，癸丑，诏以文德为都督北秦、雍二州诸军事、征西大将军、北秦州刺史、武都王。文德屯葭芦城，以任朏为左司马；武都、阴平氐多归之。

甲子，前雍州刺史刘真道、梁、南秦二州刺史裴方明，坐破仇池减匿金宝及善马，下狱死。

九月，辛巳，魏主如漠南。甲辰，舍辎重，以轻骑袭柔然。分军为四道：乐安王范、建宁王崇各统十五将出东道，乐平王丕督十五将出西道，魏主出中道，中山王辰督十五将为后继。

魏主至鹿浑谷，遇敕连可汗。太子晃言于魏主曰：『贼不意大军猝至，宜掩其不备，速进击之。』尚书令刘絜固谏，以为贼营中尘盛，其众必多，出至平地，恐为所围。不如须诸军大集，然后击之。晃曰：『尘之盛者，由军士惊怖扰乱故也，何得营上而有此尘乎！』魏主疑之，不急击。柔然遁去。追至石水，不及而还。既而获柔然候骑曰：『柔然不觉魏军至，上下惶骇，引众北走，经六七日，知无追者，乃始徐行。』魏主深恨之。自是军国大事，皆与太子谋之。

司马楚之别将兵督军粮，镇北将军封沓亡降柔然，说柔然令击楚之以绝军食。俄而军中有告失驴耳者，诸将莫晓其故。楚之曰：『此必贼遣奸人入营觇伺，割驴耳以为信耳。贼至不久，宜急为之备。』乃伐柳为城，以水灌之，令冻；城立而柔然至，冰坚滑，不可攻，乃散走。

十一月，将军姜道盛与杨文德合众二万攻魏浊水戍，魏皮豹子、河间公齐救之，道盛败死。

甲子，魏主还，至朔方，下诏令皇太子副理万机，总统百揆。且曰：『诸功臣勤劳日久，皆当以爵归第，随时朝请，飨宴朕前，论道陈谟而已，不宜复烦以剧职；更举贤俊以备百官。』十二月，辛卯，魏主还平城。

二十一年（甲申，公元四四四年）

春，正月，己亥，帝耕藉田，大赦。

壬寅，魏太子始总百揆，命侍中、中书监穆寿、司徒崔浩、侍中张黎、古弼辅太子决庶政，上书者皆称臣，仪与表同。

古弼为人，忠慎质直。尝以上谷苑囿太广，乞减太半以赐贫民，入见魏主，欲奏其事。帝方与给事中刘树围棋，志不在弼。弼侍坐良久，不获陈闻。忽起，捽树头，掣下床，搏其耳，殴其背，曰：『朝廷不治，实尔之罪！』帝失容，舍棋曰：『不听奏事，朕之过也，树何罪！置之！』弼具以状闻，帝皆可其奏。弼曰：『为人臣无礼至此，其罪大矣！』出诣公车，免冠徒跣请罪。帝召入，谓曰：『吾闻筑社之役，蹇蹶而筑之，端冕而事之，神降之福。然则卿有何罪！其冠履就职。苟可以利社稷、便百姓者，竭力为之，勿顾虑也。』

太子课民稼穑，使无牛者借人牛以耕种，而为之芸田以偿之，凡耕种二十二亩而芸七亩，大略以是为率。使民各标姓名于田首，以知其勤惰，禁饮酒游戏者。于是垦田大增。

戊申，魏主诏：『王、公以下至庶人，有私养沙门、巫觋于家者，皆遣诣官曹；过二月十五日不出，沙门、巫觋死，主人门诛。』庚戌，又诏：『王、公、卿、大夫之子皆诣太学，其百工、商贾之子，当各习父兄之业，毋得私立学校；违者，师死，主人门诛。』

二月，辛未，魏中山王辰、内都坐大官薛辨、尚书奚眷等八将坐击柔然后期，斩于都南。

初，魏尚书令刘絜，久典机要，恃宠自专，魏主心恶之。及将袭柔然，絜谏曰：『蠕蠕迁徙无常，前者出师，劳而无功；不如广农积谷以待其来。』崔浩固劝魏主行，魏主从之。絜耻其言不用，欲败魏师；魏主与诸将期会鹿浑谷，絜矫诏易其期。帝至鹿浑谷，欲击柔然，絜谏止之，使待诸将。帝留鹿浑谷六日，诸将不至，柔然遂远遁，追之不及。军还，经漠中，粮尽，士卒多死。絜阴使人惊魏军，劝帝委军轻还，帝不从。絜以军出无功，请治崔浩之罪。帝曰：『诸将失期，遇贼不击，浩何罪也！』浩以絜矫诏事白帝，帝至五原，收絜，囚之。帝之北行也，絜私谓所亲曰：『若车驾不返，吾当立乐平王。』絜闻尚书右丞张嵩家有图谶，问曰：『刘氏应王，继国家后，吾有姓名否？』嵩曰：『有姓无名。』帝闻之，命有司穷治，索嵩家，得谶书。事连南康公狄邻，絜、嵩、邻皆夷三族，死者百馀人。絜在势要，好作威福，诸将破敌，所得财物皆与絜分之。既死，籍其家，财巨万。帝每言之，则切齿。

癸酉，乐平戾王丕以忧卒。初，魏主筑白台，高二百馀尺。丕梦登其上，四顾不见人，命术士董道秀筮之，道秀曰：『大吉。』丕默有喜色。及丕卒，道秀亦坐弃市。高允闻之，曰：『夫筮者皆当依附爻象，劝以忠孝。王之问道秀也，道秀宜曰：『穷高为

亢。《易》曰：『亢龙有悔。』又曰：『高而无民。』皆不祥也，王不可以不戒。』如此，则王安于上，身全于下矣。道秀反之，宜其死也。』

庚辰，魏主幸庐。

己丑，江夏王义恭进位太尉，领司徒。

庚寅，以侍中、领右卫将军沈演之为中领军，左卫将军范晔为太子詹事。

辛卯，立皇子宏为建平王。

三月，甲辰，魏主还宫。

癸丑，魏主遣司空长孙道生镇统万。

夏，四月，乙亥，魏侍中、太宰、阳平王杜超为帐下所杀。

六月，魏北部民杀立义将军衡阳公莫孤，帅五千馀落北走。遣兵追击之，至漠南，杀其渠帅，馀徙冀、相、定三州为营户。

吐谷浑王慕利延兄子纬世与魏使者谋降魏，慕利延杀之。是月，纬世弟叱力延等八人奔魏，魏以叱力延为归义王。

沮渠无讳卒，弟安周代立。

魏入中国以来，虽颇用古礼祀天地、宗庙、百神，而犹循其旧俗，所祀胡神甚众。崔浩请存合于祀典者五十七所，其馀复重及小神悉罢之。魏主从之。

秋，七月，癸卯，魏东雍州刺史沮渠秉谋反，伏诛。

八月，乙丑，魏主畋于河西，尚书令古弼留守。诏以肥马给猎骑，弼悉以弱者给之。帝大怒曰：『笔头奴敢裁量朕！朕还台，先斩此奴！』弼头锐，故帝常以笔目之。弼官属惶怖，恐并坐诛。弼曰：『吾为人臣，不使人主盘于游畋，其罪小；不备不虞，乏军国之用，其罪大。今蠕蠕方强，南寇未灭，吾以肥马供军，弱马供猎，为国远虑，虽死何伤！且吾自为之，非诸君之忧也。』帝闻之，叹曰：『有臣如此，国之宝也！』赐衣一袭，马二匹，鹿十头。

他日，魏主复畋于山北，获麋鹿数千头。诏尚书发牛车五百乘以运之。诏使已去，魏主谓左右曰：『笔公必不与我，汝辈不如自以马运之。』遂还。行百馀里，得弼表曰：『今秋谷悬黄，麻菽布野，猪鹿窃食，鸟雁侵费，风雨所耗，朝夕三倍。乞赐矜缓，使得收载。』帝曰：『果如吾言，笔公可谓社稷之臣矣！』

魏主使员外散骑常侍高济来聘。

戊辰，以荆州刺史衡阳王义季为征北大将军、开府仪同三司、南兖州刺史，以南谯王义宣为荆州刺史。初，帝以义宣不才，故不用；会稽公主屡以为言，帝不得已用之。

先赐中诏敕之曰：『师护以在西久，比表求还，今欲听许，以汝代之。师护虽无殊绩，絜己节用，通怀期物，不恣群下，声著西土，为士庶所安，论者乃未议迁之。今之回换，更为汝与师护年时一辈，欲各试其能。汝往，脱有一事减之者，既于西夏交有巨碍，迁代之讥，必归责于吾矣。此事亦易勉耳，无为使人复生评论也！』义宣至镇，勤自课厉，事亦修理。

庚辰，会稽长公主卒。

吐谷浑吐力延等请师于魏以讨吐谷浑王慕利延，魏主使晋王伏罗督诸军击之。

九月，甲辰，以沮渠安周为都督凉、河、沙三州诸军事、凉州刺史、河西王。

丁未，魏主如漠南，将袭柔然，柔然敕连可汗远遁，乃止。敕连寻卒，子吐贺真立，号处罗可汗。

魏晋王伏罗至乐都，引兵从间道袭吐谷浑，至大母桥。吐谷浑王慕利延大惊，逃奔白兰，慕利延兄子拾寅奔河西；魏军斩首五千馀级，慕利延从弟伏念等帅万三千落降于魏。

冬，十月，己卯，以左军将军徐琼为兖州刺史，大将军参军申恬为冀州刺史。徙兖州镇须昌，冀州镇历下。恬，谟之弟也。

十二月，丙戌，魏主还平城。

是岁，沙州牧李宝入朝于魏，魏人留之，以为外都大官。

太子率更令何承天撰《元嘉新历》，表上之。以月食之冲知日所在。又以中星检之，知尧时冬至日在须女十度，今在斗十七度。又测景校二至，差三日有馀，知今之南至日应在斗十三四度。于是更立新法，冬至徙上三日五时，日之所在，移旧四度。又月有迟疾，前历合朔，月食不在朔望；今皆以盈缩定其小馀，以正朔望之日。诏付外详之。太史令钱乐之等奏：皆如承天所上，唯月有频三大，频二小，比旧法殊为乖异，谓宜仍旧。诏可。

二十二年（乙酉，公元四四五年）

春，正月，辛卯朔，始行新历。初，汉京房以十二律中吕上生黄钟，不满九寸，更演为六十律。钱乐之复演为三百六十律，日当一管。何承天立议，以为上下相生，三分损益其一，盖古人简易之法，犹如古历周天三百六十五度四分度之一也。而京房不悟，谬为六十。乃更设新律，林钟长六寸一厘，则从中吕还得黄钟，十二旋宫，声韵无失。

壬辰，以武陵王骏为雍州刺史。帝欲经略关、河，故以骏镇襄阳。

魏主使散骑常侍宋愔来聘。

二月，魏主如上党，西至吐京，讨徙叛胡，出配郡县。

甲戌，立皇子袆为东海王，昶为义阳王。

三月，庚申，魏主还宫。

魏诏：『诸疑狱皆付中书，以经义量决。』

夏，四月，庚戌，魏主遣征西大将军高凉王那等，击吐谷浑王慕利延于白兰，秦州刺史代人封敕文、安远将军乙乌头击慕利延兄子什归于枹罕。

河西之亡也，鄯善人以其地与魏邻，大惧，曰：『通其使人，知我国虚实，取亡必速。』乃闭断魏道，使者往来，辄抄劫之。由是西域不通者数年。魏主使散骑常侍万度归发凉州以西兵击鄯善。

六月，壬辰，魏主北巡。

帝谋伐魏，罢南豫州入豫州。辛亥，以南豫州刺史南平王铄为豫州刺史。

秋，七月，己未，以尚书仆射孟颢为左仆射，中护军何尚之为右仆射。

武陵王骏将之镇，时缘沔诸蛮犹为寇，水陆梗碍；骏分军遣抚军中兵参军沈庆之掩击，大破之。骏至镇，蛮断驿道，欲攻随郡；随郡太守河东柳元景募得六七百人，邀击，大破之。遂平诸蛮，获七万馀口。涢山蛮最强，沈庆之讨平之，获三万馀口，徙万馀口于建康。

吐谷浑什归闻魏军将至，弃城夜遁。八月，丁亥，封敕文入枹罕，分徙其民千家还上邽，留乙乌头守枹罕。

万度归至敦煌，留辎重，以轻骑五千度流沙，袭鄯善。壬辰，鄯善王真达面缚出降。度归留军屯守，与真达诣平城，西域复通。

魏主如阴山之北，发诸州兵三分之一，各于其州戒严，以须后命。徙诸种杂民五千馀家于北边，令就北畜牧，以饵柔然。

壬寅，魏高凉王那军至宁头城，吐谷浑王慕利延拥其部落西度流沙。吐谷浑慕璝之子被囊逆战，那击破之；被囊遁走，中山公杜丰帅精骑追之，度三危，至雪山，生擒被囊及吐谷浑什归、乞伏炽磐之子成龙，皆送平城。慕利延遂西入于阗，杀其王，据其地，死者数万人。

九月，癸酉，上饯衡阳王义季于武帐冈。上将行，敕诸子且勿食，至会所设馔；日旰，不至，有饥色。上乃谓曰：『汝曹少长丰佚，不见百姓艰难。今使汝曹识有饥苦，知以节俭御物耳。』

裴子野论曰：善乎太祖之训也！夫侈兴于有馀，俭生于不足。欲其隐约，莫若

操，卑其礼秩，教成德立，然后授以政事，则无怠无荒，可播之于九服矣。

高祖思固本枝，崇树襁褓；后世遵守，迭据方岳。及乎泰始之初，升明之季，绝咽于衾衽者动数十人。国之存亡，既不是系，早肆民上，非善诲也。

魏民间讹言『灭魏者吴』，卢水胡盖吴聚众反于杏城，诸种胡争应之，有众十馀万，遣其党赵绾来上表自归。冬，十月，戊子，长安镇副将拓跋纥帅众讨吴，纥败死。吴众愈盛，民皆渡渭，奔南山。魏主发高平敕勒骑赴长安，命将军叔孙拔领摄并、秦、雍三州兵屯渭北。

十一月，魏发冀州民造浮桥于碻磝津。

盖吴遣别部帅白广平西掠新平，安定诸胡皆聚众应之。又分兵东掠临晋巴东，将军章直击破之，溺死于河者三万馀人。吴又遣兵西掠至长安，将军叔孙拔与战于渭北，大破之，斩首三万馀级。

河东蜀薛永宗聚众以应吴，袭击闻喜。闻喜县无兵仗，令忧惶无计；县人裴骏帅厉乡豪击之，永宗引去。

魏主命薛谨之子拔纠合宗、乡，壁于河际，以断二寇往来之路。庚午，魏主使殿中尚书拓跋处直等将二万骑讨薛永宗，殿中尚书乙拔将三万骑讨盖吴，西平公寇提将万骑讨白广平。吴自号天台王，署置百官。

辛未，魏主还宫。

魏选六州骁骑二万，使永昌王仁、高凉王那分将之，为二道，掠淮、泗以北，徙青、徐之民以实河北。

癸未，魏主西巡。

初，鲁国孔熙先博学文史，兼通数术，有纵横才志；为员外散骑侍郎，不为时所知，愤愤不得志。父默之为广州刺史，以赃获罪，大将军彭城王义康为救解，得免。及义康迁豫章，熙先密怀报效。且以为天文、图谶，帝必以非道晏驾，由骨肉相残，江州应出天子。以范晔志意不满，欲引与同谋，而熙先素不为晔所重。太子中舍人谢综，晔之甥也，熙先倾身事之。综引熙先与晔相识。

熙先家饶于财，数与晔博，故为拙行，以物输之。晔既利其财，又爱其文艺，由是情好款洽。熙先乃从容说晔曰：『大将军英断聪敏，人神攸属，失职南垂，天下愤怨。小人受先君遗命，以死报大将军之德。顷人情骚动，天文舛错，此所谓时运之至，不可推移者也。若顺天人之心，结英豪之士，表里相应，发于肘腋，然后诛除异我，崇奉明

圣，号令天下，谁敢不从！小人请以七尺之躯，三寸之舌，立功立事而归诸君子，丈人以为何如？』晔甚愕然。熙先曰：『昔毛玠竭节于魏武，张温毕议于孙权，彼二人者，皆国之俊乂，岂言行玷缺，然后至于祸辱哉！皆以廉直劲正，不得久容。丈人之于本朝，不深于二主，人间雅誉，过于两臣，谗夫侧目，为日久矣，比肩竞逐，庸可遂乎！近者殷铁一言而刘班碎首，彼岂父兄之仇，百世之怨乎？所争不过荣名势利先后之间耳。及其末也，唯恐陷之不深，发之不早；戮及百口，犹曰未厌。是可为寒心悼惧，岂书籍远事也哉！今建大勋，奉贤哲，图难于易，以安易危，享厚利，收鸿名，一旦苞举而有之，岂可弃置而不取哉！』晔犹疑未决。熙先曰：『又有过于此者，愚则未敢道耳。』晔曰：『何谓也？』熙先曰：『丈人奕叶清通，而不得连姻帝室，人以犬豕相遇，而丈人曾不耻之，欲为之死，不亦惑乎！』晔门无内行，故熙先以此激之。晔默然不应，反意乃决。

晔与沈演之并为帝所知，晔先至，必待演之俱入，演之先至，尝独被引，晔以此为怨。晔累经义康府佐，中间获罪于义康。谢综及父述，皆为义康所厚，综弟约娶义康女。综为义康记室参军，自豫章还，申义康意于晔，求解晚隙，复敦往好。大将军府史仲承祖，有宠于义康，闻熙先有谋，密相结纳。丹阳尹徐湛之，素为义康所爱，承祖因此结事湛之，告以密计。道人法略、尼法静，皆感义康旧恩，并与熙先往来。法静妹夫许曜，领队在台，许为内应。法静之豫章，熙先付以笺书，陈说图谶。于是密相署置，及素所不善者，并入死目。熙先又使弟休先作檄文，称：『贼臣赵伯符肆兵犯跸，祸流储宰。湛之、晔等投命奋戈，即日斩伯符首及其党与。今遣护军将军臧质奉玺绶迎彭城王正位辰极。』熙先以为举大事宜须以义康之旨谕众，晔又诈作义康与湛之书，令诛君侧之恶，宣示同党。

帝之燕武帐冈也，晔等谋以其日作乱。许曜侍帝，扣刀目晔，晔不敢仰视。俄而座散，徐湛之恐事不济，密以其谋白帝。帝使湛之具探取本末，得其檄书，选署姓名，上之。帝乃命有司收掩穷治。其夜，呼晔置客省，先于外收综及熙先兄弟，皆款服。帝遣使诘问晔，晔犹隐拒；熙先闻之，笑曰：『凡处分、符檄、书疏，皆范所造，云何于今方作如此抵蹋邪？』帝以晔墨迹示之，乃具陈本末。

明日，仗士送付廷尉。熙先望风吐款，辞气不挠。上奇其才，遣人慰勉之曰：『以卿之才而滞于集书省，理应有异志，此乃我负卿也。』又责前吏部尚书何尚之曰：『使孔熙先年将三十作散骑郎，那不作贼！』熙先于狱中上书谢恩，且陈图谶，深戒上以骨肉之祸，曰：『愿且勿遗弃，存之中书。若囚死之后，或可追录，庶九泉之下，少塞衅圣，号令天下，谁敢不从！小人请以七尺之躯，三寸之舌，立功立事，而归诸君子，丈人以为何如？」晔甚愕然。熙先曰：「昔毛玠竭节于魏武，张温毕议于孙权，彼二人者，皆国之俊乂，岂言行玷缺，然后至于祸辱哉！皆以廉直劲正，不得久容。丈人之于本朝，不深于二主，人间雅誉，过于两臣，谗夫侧目，为日久矣，比肩竞逐，庸可遂乎！近者殷铁一言而刘班碎首，彼岂父兄之仇，百世之怨乎？所争不过荣名势利先后之间耳。及其末也，唯恐陷之不深，发之不早；戮及百口，犹曰未厌。是可为寒心悼惧，岂书籍远事也哉！今建大勋，奉贤哲，图难于易，以安易危，享厚利，收名誉，一旦苞举而有之，岂可弃置而不取哉！」晔犹疑未决。熙先曰：「又有过于此者，愚则未敢道耳。」晔曰：「何谓也？」熙先曰：「丈人奕叶清通，而不得连姻帝室，人以犬豕相遇，而丈人曾不耻之，欲为之死，不亦惑乎！」晔门无内行，故熙先以此激之。晔默然不应，反意乃决。

晔与沈演之并为帝所知，晔先至，必待演之俱入；演之先至，尝独被引，晔以此为怨。晔累经义康府佐，中间获罪于义康。谢综及父述，皆为义康所厚，综弟约又为义康女。综为义康记室参军，自豫章还，申义康意于晔，求解晚隙，复敦往好。大将军府史仲承祖，有宠于义康，闻熙先有谋，密相结纳。丹阳尹徐湛之，素为义康所爱，承祖因

此结事湛之，告以密计。道人法略、尼法静，皆感义康旧恩，并与熙先往来。法静妹夫许曜，领队在台，许为内应。法静之豫章，熙先付以笺书，陈说图谶。于是密相署置，及素所不善者，并入死目。熙先又使弟休先作檄文，称：「贼臣赵伯符肆兵犯跸，祸流储宰。湛之、晔等投命奋戈，即日斩伯符首及其党与。今遣护军将军臧质奉玺绶迎彭城王正位辰极。」熙先以为举大事宜须以义康之旨谕众，晔又诈作义康与湛之书，令诛君侧之恶，宣示同党。

帝之燕武帐冈也，晔等谋以其日作乱。许曜侍帝，扣刀目晔，晔不敢仰视。俄而座散。徐湛之恐事不济，密以其谋白帝。帝使湛之具探取本末，得其檄书、选署姓名，上之。帝乃命有司收掩穷治。其夜，呼晔置客省，先于外收综及熙先兄弟，皆款服。帝遣使诘问晔，晔犹隐拒；熙先闻之，笑曰：「凡处分、符檄、书疏，皆范所造，云何于今方作如此抵蹋邪？」帝以晔墨迹示之，乃具陈本末。

明日，仗士送付廷尉。熙先望风吐款，辞气不挠。上奇其才，遣人慰勉之曰：「以卿之才而滞于集书省，理应有异志，此乃我负卿也。」又责前吏部尚书何尚之曰：「使孔熙先年将三十作散骑郎，那不作贼！」熙先于狱中上书谢恩，且陈图谶，深戒上以骨肉之祸。曰：「愿且勿遣弃，存之中书。若囚死之后，或可追录，庶九泉之下，少塞衅

责。」

晔在狱，为诗曰：「虽无嵇生琴，庶同夏侯色。」晔本意谓入狱即死，而上穷治其狱，遂经二旬，晔更有生望。狱吏戏之曰：「外传詹事或当长系。」晔闻之，惊喜。综、熙先笑之曰：「詹事畴昔攘袂瞋目，跃马顾盼，自以为一世之雄；今扰攘纷纭，畏死乃尔！设令赐以性命，人臣图主，何颜可以生存！」

十二月，乙未，晔、综、熙先及其子弟、党与皆伏诛。晔母至市，涕泣责晔，以手击晔颈，晔色不怍；妹及妓妾来别，晔悲涕流涟。综曰：「舅殊不及夏侯色。」晔收泪而止。

谢约不预逆谋，见兄综与熙先游，常谏之曰：「此人轻事好奇，不近于道，果锐无检，未可与狎。」综不从而败。综母以子弟自蹈逆乱，独不出视。晔语综曰：「姊今不来，胜人多矣。」

收籍晔家，乐器服玩，并皆珍丽，妓妾不胜珠翠。母居止单陋，唯有一厨盛樵薪；弟子冬无被，叔父单布衣。

裴子野论曰：夫有逸群之才，必思冲天之据；盖俗之量，则偾常均之下。其能守之以道，将之以礼，殆为鲜乎！刘弘仁、范蔚宗皆忸志而贪权，矜才以徇逆，累

叶风素，一朝而陨。向之所谓智能，翻为亡身之具矣。

徐湛之所陈多不尽，为晔等辞所连引，上赦不问。臧质，熹之子也，先为徐、兖二州刺史，与晔厚善；晔败，以为义兴太守。

有司奏削彭城王义康爵，收付廷尉治罪。丁酉，诏免义康及其男女皆为庶人，绝属籍，徙付安成郡；以宁朔将军沈邵为安成相，领兵防守。邵，璞之兄也。义康在安成，读书，见淮南厉王长事，废书叹曰：「自古有此，我乃不知，得罪为宜也。」

庚戌，以前豫州刺史赵伯符为护军将军。伯符，孝穆皇后之弟子也。

初，江左二郊无乐，宗庙虽有登歌，亦无二舞。是岁，南郊始设登歌。

魏安南、平南府移书兖州，以南国侨置诸州多滥北境名号；又欲游猎具区。兖州答移曰：「必若因土立州，则彼立徐、扬，岂有其地？复知欲游猎具区，观化南国。开馆饰邸，则有司存；呼韩入汉，厥仪未泯，馈饩之秩，每存丰厚。」

二十三年（丙戌，公元四四六年）

春，正月，庚申，尚书左仆射孟顗罢。

戊辰，魏主军至东雍州，临薛永宗垒，崔浩曰：「永宗未知陛下自来，众心纵弛。今北风迅疾，宜急击之。」魏主从之，庚午，围其垒。永宗出战，大败，与家人皆赴汾

水死。其族人安都先据弘农，弃城来奔。

辛未，魏主南如汾阴，济河，至洛水桥。闻盖吴在长安北，帝以渭北地无谷草，欲渡渭南，循渭而西。以问崔浩，对曰：『夫击蛇者先击其首，首破则尾不能掉。今盖吴营去此六十里，轻骑趋之，一日可到，到则破之必矣。破吴，南向长安亦不过一日，一日之乏，未至有伤。若从南道，则吴徐入北山，猝未可平。』帝不从，自渭南向长安。庚辰，至戏水。吴众闻之，悉散入北地山，军无所获。帝悔之。二月，丙戌，帝至长安，丙申，如盩厔，历陈仓，还，如雍城。所过诛民，夷与盖吴通谋者。乙拔等诸军大破盖吴于杏城，吴复遣使上表求援。诏以吴为都督关、陇诸军事、雍州刺史、北地公；使雍、梁二州发兵屯境上，为吴声援；遣使赐吴印一百二十一纽，使吴随宜假授。

初，林邑王范阳迈，虽遣使入贡，而寇盗不绝，所贡亦薄陋；帝遣交州刺史檀和之讨之。南阳宗悫，家世儒素，悫独好武事，常言『愿乘长风破万里浪』。及和之伐林邑，悫自奋请从军。诏以悫为振武将军，和之遣悫为前锋。阳迈闻军出，遣使上表，请还所掠日南民，输金一万斤，银十万斤。帝诏和之：『若阳迈果有款诚，亦许其归顺』和之至朱梧戍，遣府户曹参军姜仲基等诣阳迈，阳迈执之；和之乃进军围林邑将范扶龙于区粟城。阳迈遣其将范毗沙达救之，宗悫潜兵迎击毗沙达，破之。

魏主与崔浩皆信重寇谦之，奉其道。浩素不喜佛法，每言于魏主，以为佛法虚诞，为世费害，宜悉除之。及魏主讨盖吴，至长安，入佛寺，沙门饮从官酒；从官入其室，见大有兵器，出以白帝。帝怒曰：『此非沙门所用，必与盖吴通谋，欲为乱耳！』命有司按诛阖寺沙门，阅其财产，大得酿具及州郡牧守、富人所寄藏物以万计，又为窟室以匿妇女。浩因说帝悉诛天下沙门，毁诸经像，帝从之。寇谦之与浩固争，浩不从。先尽诛长安沙门，焚毁经像，并敕留台下四方，令一用长安法。诏曰：『昔后汉荒君，信惑邪伪以乱天常，自古九州之中，未尝有此。夸诞大言，不本人情，叔季之世，莫不眩焉。由是政教不行，礼义大坏，九服之内，鞠为丘墟。朕承天绪，欲除伪定真，复羲、农之治。其一切荡除，灭其踪迹。自今已后，敢有事胡神及造形像泥人、铜人者门诛。有非常之人，然后能行非常之事，非朕孰能去此历代之伪物？有司宣告征镇诸军、刺史，诸有浮图形像及胡经，皆击破焚烧，沙门无少长悉坑之！』太子晃素好佛法，屡谏不听，乃缓宣诏书，使远近豫闻之，得各为计。沙门多亡匿获免，或收藏经像，唯塔庙在魏境者无复孑遗。

魏主徙长安工巧二千家于平城。还，至洛水，分军诛李闰叛羌。

太原颜白鹿私入魏境，为魏人所得，将杀之，诈云青州刺史杜骥使其归诚。魏人送

白，诣平城，魏主喜曰：「我外家也。」使崔浩作书与骥，且命永昌王仁、高凉王那将兵迎骥，攻冀州刺史申恬于历城；杜骥遣其府司马夏侯祖欢等将兵救历城。魏人遂寇兖、青、冀三州，至清东而还；杀掠甚众，北边骚动。

帝以魏寇为忧，咨访群臣。御史中丞何承天上表，以为：「凡备匈奴之策，不过二科：武夫尽征伐之谋，儒生讲和亲之约。今若欲追踪卫、霍，自非大田淮、泗，内实青、徐，使民有赢储，野有积谷，然后发精卒十万，一举荡夷，则不足为也。若但欲遣军追讨，报其侵暴，则彼必轻骑奔走，不肯会战。徒兴巨费，不损于彼，报复之役，将遂无已。斯策之最末者也。安边固守，于计为长。臣窃以曹、孙之霸，才均智敌，江、淮之间，不居各数百里。何者？斥候之郊，非耕牧之地，故坚壁清野以俟其来，整甲缮兵以乘其弊；保民全境，不出此涂。要而归之，其策有四：一曰移远就近。今青、兖旧民及冀州新附，在界首者三万馀家，可悉徙置大岘之南，以实内地。二曰多筑城邑以居新徙之家，假其经用，春夏佃牧，秋冬入保。寇至之时，一城千家，堪战之士，不下二千，其馀羸弱，犹能登陴鼓噪，足抗群虏三万矣。三曰纂偶车牛以载粮械。计千家之资，不下五百耦牛，为车五百两，参合钩连以卫其众；设使城不可固，平行趋险，贼所不能干，有急征发，信宿可聚。四曰计丁课仗。凡战士二千，随其便能，各自有仗，素所服习，铭刻由己，还保输之于库，出行请以自新。弓簳利铁，民不得者，官以渐充之。数年之内，军用粗备矣。近郡之师，远屯清、济，功费既重，嗟怨亦深，以臣料之，未若即用彼众之易也。今因民所利，导而帅之，兵强而敌不戒，国富而民不劳，比于优复队伍，坐食粮廪者，不可同年而校矣。」

魏金城边固、天水梁会，与秦、益杂民万馀户据上邽东城反，攻逼西城。秦、益二州刺史封敕文拒却之。氐、羌万馀人，休官、屠各二万馀人皆起兵应固、会，敕文击固，斩之，馀众推会为主，与敕文相攻。

夏，四月，甲申，魏主至长安。

丁未，大赦。

仇池人李洪聚众，自言应王。梁会求救于氐王杨文德，文德曰：「两雄不并立，若须我者，宜先杀洪。」会诱洪斩之，送首于文德。五月，癸亥，魏主遣安丰公闾根帅骑赴上邽，未至，会弃东城走。敕文先掘重堑于外，严兵守之，格斗从夜至旦。敕文曰：「贼知无生路，致死于我，多杀伤士卒，未易克也。」乃以白虎幡宣告会众，降者赦之，会众遂溃；分兵追讨，悉平之。略阳人王元达聚众屯松多川，敕文又讨平之。

盖吴收兵屯杏城，自号秦地王，声势复振。魏主遣永昌王仁、高凉王那督北道诸军

讨之。

檀和之等拔区粟，斩范扶龙，乘胜入象浦；林邑王阳迈倾国来战，以具装被象，前后无际。宗悫曰：『吾闻外国有师子，威服百兽。』乃制其形，与象相拒，象果惊走，林邑兵大败。和之遂克林邑，阳迈父子挺身走。所获未名之宝，不可胜计，宗悫一无所取，还家之日，衣栉萧然。

六月，癸未朔，日有食之。

甲申，魏发冀、相、定三州兵二万人屯长安南山诸谷，以备盖吴窜逸。丙戌，又发司、幽、定、冀四州兵十万人筑畿上塞围，起上谷，西至河，广纵千里。

帝筑北堤，立玄武湖，筑景阳山于华林园。

秋，七月，辛未，以散骑常侍杜坦为青州刺史。坦，骥之兄也。初，杜预之子耽，避晋乱，居河西，仕张氏。前秦克凉州，子孙始还关中。高祖灭后秦，坦兄弟从高祖过江。时江东王、谢诸族方盛，北人晚渡者，朝廷悉以伧荒遇之，虽复人才可施，皆不得践清涂。上尝与坦论金日磾，曰：『恨今无复此辈人！』坦曰：『日磾假生今世，养马不暇，岂办见知！』上变色曰：『卿何量朝廷之薄也！』坦曰：『请以臣言之：臣本中华高族，晋氏丧乱，播迁凉土，世业相承，不殒其旧；直以南渡不早，便以荒伧赐隔。日磾，胡人，身为牧圉，乃超登内侍，齿列名贤。圣朝虽复拔才，臣恐未必能也。』上默然。

八月，魏高凉王那等破盖吴，获其二叔；诸将欲送诣平城，长安镇将陆俟曰：『长安险固，风俗豪忮，平时犹不可忽，况承荒乱之馀乎！今不斩吴，则长安之变未已也。吴一身潜窜，非其亲信，谁能获之！若停十万之众以追一人，又非长策。不如私许吴叔，免其妻子，使自追吴，擒之必矣。』诸将咸曰：『今贼党众已散，唯吴一身，何所能至？』俟曰：『诸君不见毒蛇乎！不断其首，犹能为害。吴天性凶狡，今若得脱，必自称王者不死，以惑愚民，为患愈大。』诸将曰：『公言是也。但得贼不杀，而更遣之，若遂往不返，将何以任其罪？』俟曰：『此罪我为诸君任之。』高凉王那亦以俟计为然，遂赦二叔，与刻期而遣之。及期，吴叔不至，诸将皆咎俟，俟曰：『彼伺之未得其便耳，必不负也。』后数日，吴叔果以吴首来；传诣平城。永昌王仁等讨吴馀党白广平、路那罗，悉平之。以陆俟为内都大官。

会安定卢水胡刘超等聚众万馀人反，魏主以俟威恩著于关中，复加俟都督秦、雍二州诸军事，镇长安。谓俟曰：『关中奉化日浅，恩信未洽，吏民数为逆乱。今朕以重兵

取之。」侯乃单马之镇。超等闻之，大喜，以侯为无能为也。

侯既至，谕以成败，诱纳超女，与为姻戚以招之；超自恃其众，犹无降意。侯乃帅其帐下亲往见超，超使人逆谓侯曰：「从者过三百人，当以弓马相待；不及三百人，当以酒食相供。」侯乃将二百骑诣超。超设备甚严，侯纵酒尽醉而还。顷之，侯复选敢死士五百人出猎，因诣超营，约曰：「发机当以醉为限。」既饮，侯阳醉，上马大呼，手斩超首；士卒应声纵击，杀伤千数，遂平之。魏主征侯还，为外都大官。

是岁，吐谷浑复还旧土。

宋纪七 起强圉大渊献，尽上章摄提格，凡四年。

太祖文皇帝中之下

元嘉二十四年（丁亥，公元四四七年）

春，正月，甲戌，大赦。

魏吐京胡及山胡曹仆浑等反；二月，征东将军武昌王提等讨平之。

癸未，魏主如中山。

魏师之克敦煌也，沮渠牧犍使人斫开府库，取金玉及宝器，因不复闭。小民争入盗取之，有司索盗不获。至是，牧犍所亲及守藏者告之，且言牧犍父子多蓄毒药，潜杀人前后以百数；况复姊妹皆学左道。有司索牧犍家，得所匿物。魏主大怒，赐沮渠昭仪死，并诛其宗族，唯沮渠祖以先降得免。又有告牧犍犹与故臣民交通谋反者，三月，魏主遣崔浩就第赐牧犍死，谥曰哀王。

魏人徙定州丁零三千家于平城。

六月，魏西征诸将扶风公处真等八人，坐盗没军资及虏掠赃各千万计，并斩之。

初，上以货重物轻，改铸四铢钱。民多翦凿古钱，取铜盗铸。上患之。录尚书事江夏王义恭建议，请以大钱一当两。右仆射何尚之议曰：『夫泉贝之兴，以估货为本，事存交易，岂假多铸！数少则币重，数多则物重，多少虽异，济用不殊。况复以一当两，徒崇虚价者邪？若今制遂行，富人之赀自倍，贫者弥增其困，惧非所以使之均壹也。』上卒从义恭议。

秋，八月，乙未，徐州刺史衡阳文王义季卒。义季自彭城王义康之贬，遂纵酒不事事。帝以书诮责，且戒之，义季犹酣饮自若，以至成疾而终。

魏乐安宣王范卒。

冬，十月，壬午，胡藩之子诞世杀豫章太守桓隆之，据郡反，欲奉前彭城王义康为主；前交州刺史檀和之去官归，过豫章，击斩之。

十一月，甲寅，封皇子浑为汝阴王。

十二月，魏晋王伏罗卒。

杨文德据葭芦城，招诱氐、羌，武都等五郡氐皆附之。

二十五年（戊子，公元四四八年）

春，正月，魏仇池镇将皮豹子帅诸军击之。文德兵败，弃城奔汉中。豹子收其妻子、僚属、军资及杨保宗所尚魏公主而还。

之母，岂比小县公主哉！」魏主赐之死。

杨文德坐失守，免官，削爵土。

二月，癸卯，魏主如定州，罢塞围役者；遂如上党，诛潞县叛民二千馀家，徙河西离石民五千馀家于平城。

闰月，己酉，帝大蒐于宣武场。

初，刘湛既诛，庾炳之遂见宠任，累迁吏部尚书，势倾朝野。炳之无文学，性强急轻浅。既居选部，好诟詈宾客，且多纳货赂，士大夫皆恶之。

炳之留令史二人宿于私宅，为有司所纠。上薄其过，欲不问。仆射何尚之因极陈炳之之短曰：「炳之见人有烛盘、佳驴，无不乞匄；选用不平，不可一二；交结朋党，构扇是非，乱俗伤风，过于范晔，所少，贼一事耳。纵不加罪，故宜出之。」上欲以炳之为丹阳尹。尚之曰：「炳之蹈罪负恩，方复有尹京赫赫之授，乃更成其形势也。古人云：『无赏无罚，虽尧、舜不能为治。』臣昔启范晔，亦惧犯颜，苟白愚怀，九死不悔。历观古今，未有众过藉藉，受货数百万，更得高官厚禄如炳之者也。」上乃免炳之官，

彭城太守王玄谟上言：「彭城要兼水陆，请以皇子抚临州事。」夏，四月，乙卯，以武陵王骏为安北将军、徐州刺史。

五月，甲戌，魏以交趾公韩拔为鄯善王，镇鄯善，赋役其民，比之郡县。

当两大钱行之经时，公私不以为便；己卯，罢之。

六月，丙寅，荆州刺史南谯王义宣进位司空。

辛酉，魏主如广德宫。

秋，八月，甲子，封皇子彧为淮阳王。

西域般悦国去平城万有馀里，遣使诣魏，请与魏东西合击柔然。魏主许之，中外戒严。

九月，辛未，以尚书右仆射何尚之为左仆射，领军将军沈演之为吏部尚书。

丙戌，魏主如阴山。

魏成周公万度归击焉耆，大破之，焉耆王鸠尸卑那奔龟兹。魏主诏唐和与前部王车伊洛帅所部兵会度归讨西域。和说降柳驴等六城，因共击波居罗城，拔之。

冬，十月，辛丑，魏弘农昭王奚斤卒，子它观袭。魏主曰：「斤关西之败，罪固当死；朕以斤佐命先朝，复其爵邑，使得终天年，君臣之分亦足矣。」乃降它观爵为公。

癸亥，魏大赦。

十二月，魏方度归自恶者西讨龟兹，留唐和镇焉耆。柳驴戍主乙直伽谋叛，和击斩之。由是诸胡咸服，西域复平。

魏太子朝于行宫，遂从伐柔然。至受降城，不见柔然，因积粮于城内，置戍而还。

二十六年（己丑，公元四四九年）

春，正月，戊辰朔，魏主飨群臣于漠南。甲戌，复伐柔然。高凉王那出东道，略阳王谭儿出西道，魏主与太子出涿邪山，行数千里。柔然处罗可汗恐惧，远遁。

二月，己亥，上如丹徒，谒京陵。三月，丁巳，大赦。募诸州乐移者数千家以实京口。

庚寅，魏主还平城。

夏，五月，壬午，帝还建康。

庚寅，魏主如阴山。

帝欲经略中原，群臣争献策以迎合取宠。彭城太守王玄谟尤好进言，帝谓侍臣曰：「观玄谟所陈，令人有封狼居胥意。」御史中丞袁淑言于上曰：「陛下今当席卷赵、魏，检玉岱宗，臣逢千载之会，愿上封禅书。」上笑。淑，耽之曾孙也。

秋，七月，辛未，以广陵王诞为雍州刺史。上以襄阳外接关、河，欲广其资力，乃罢江州军府，文武悉配雍州；湘州入台租税，悉给襄阳。

九月，魏主伐柔然。高凉王那出东道，略阳王谭儿出中道。柔然处罗可汗悉国内精兵围那数十重，那掘长围坚守，相持数日。处罗数挑战，辄为那所败。以那众少而坚，疑大军将至，解围夜去。那引兵追之，九日九夜。处罗益惧，弃辎重，逾穹隆岭远遁。那收其辎重，引军还，与魏主会于广泽。略阳王谭儿收柔然民畜凡百余万。自是柔然衰弱，屏迹不敢犯魏塞。冬，十二月，戊申，魏主还平城。

沔北诸山蛮寇雍州，建威将军沈庆之帅后军中兵参军柳元景、随郡太守宗悫等二万人讨之，八道俱进。先是，诸将讨蛮者皆营于山下以迫之，蛮得据山发矢石以击之，官军多不利。庆之曰：「去岁蛮田大稔，积谷重岩，不可与之旷日相守也。不若出其不意，冲其腹心，破之必矣。」乃命诸军斩木登山，鼓噪而前，群蛮震恐。因其恐而击之，所向奔溃。

二十七年（庚寅，公元四五〇年）

春，正月，乙酉，魏主如洛阳。

沈庆之自冬至春，屡破雍州蛮，因蛮所聚谷以充军食，前后斩首三千级，虏二万八千馀口，降者二万五千馀户。幸诸山大羊蛮凭险筑城，守御甚固。庆之击之，命诸军连营于山中，开门相通，各穿池于营内，朝夕不外汲。顷之，风甚，蛮潜兵夜来烧营。诸军以池水沃火，多出弓弩夹射之，蛮兵散走。蛮所据险固，不可攻，庆之乃置六戍以守之。久之，蛮食尽，稍稍请降；悉迁于建康以为营户。

魏主将入寇。二月，甲午，大猎于梁川。帝闻之，敕淮、泗诸郡：『若魏寇小至，则各坚守；大至，则拔民归寿阳。』边戍侦候不明，辛亥，魏主自将步骑十万奄至。南顿太守郑琨、颍川太守郭道隐并弃城走。

是时，豫州刺史南平王铄镇寿阳，遣左军行参军陈宪行汝南郡事，守悬瓠，城中战士不满千人，魏主围之。

三月，以军兴，减内外百官俸三分之一。

魏人昼夜攻悬瓠，多作高楼，临城以射之，矢下如雨。城中负户以汲，施大钩于冲车之端以牵楼堞，坏其南城。陈宪内设女墙，外立木栅以拒之。魏人填堑，肉薄登城，宪督厉将士苦战，积尸与城等。魏人乘尸上城，短兵相接，宪锐气愈奋，战士无不一当百，杀伤万计，城中死者亦过半。

魏主遣永昌王仁将步骑万馀，驱所掠六郡生口北屯汝阳。时徐州刺史武陵王骏镇彭

城，帝遣间使命骏发骑，赍三日粮袭之。骏发百里内马得千五百匹，分为五军，遣参军刘泰之帅安北骑兵行参军垣谦之、田曹行参军臧肇之、集曹行参军尹定、武陵左常侍杜幼文、殿中将军程天祚等将之，直趋汝阳。魏人唯虑救兵自寿阳来，不备彭城。丁酉，泰之等潜进击之，杀三千馀人，烧其辎重，魏人奔散，诸生口悉得东走。魏人侦知泰之等兵无继，复引兵击之。垣谦之先退，士卒惊乱，弃仗走。泰之为魏人所杀，肇之溺死，天祚为魏所擒，谦之、定、幼文及士卒免者九百馀人，马还者四百匹。

魏主攻悬瓠四十二日，帝遣南平内史臧质诣寿阳，与安蛮司马刘康祖共将兵救悬瓠。魏主遣殿中尚书任城公乞地真将兵逆拒之。质等击斩乞地真。康祖，道锡之从兄也。

夏，四月，魏主引兵还。癸卯，至平城。

壬子，安北将军武陵王骏降号镇军将军。垣谦之伏诛，尹定、杜幼文付尚方；以陈宪为龙骧将军、汝南、新蔡二郡太守。

魏主遗帝书曰：『前盖吴反逆，扇动关、陇。彼复使人就而诱之，丈夫遗以弓矢，妇人遗以环钏；是曹正欲谲诳取赂，岂有远相服从之理！为大丈夫，何不自来取之，而以货诱我边民？募往者复除七年，是赏奸也。我今来至此土所得多少，孰与彼前后得我民邪？

「彼若欲存刘氏血食者，当割江以北输之，摄守南渡。如此，当释江南使彼居之。不然，可善敕方镇、刺史、守宰严供帐之具，来秋当往取扬州。大势已至，终不相纵。彼往日北通蠕蠕，西结赫连、沮渠、吐谷浑，东连冯弘、高丽。凡此数国，我皆灭之。以此而观，彼岂能独立！

「蠕蠕吴提、吐贺真皆已死，我今北征，先除有足之寇。彼若不从命，来秋当复往取之；以彼无足，故不先讨耳。我往之日，彼作何计，为掘堑自守，为筑垣以自障也？我当显然往取扬州，不若彼翳行窃步也。彼来侦谍，我已擒之，复纵还。其人目所尽见，委曲善问之。

「彼前使裴方明取仇池，既得之，疾其勇功，已不能容；有臣如此尚杀之，乌得与我校邪！彼非我敌也。彼常欲与我一交战，我亦不痴，复非苻坚，何时与彼交战？昼则遣骑围绕，夜则离彼百里外宿；吴人正有斫营伎，彼募人以来，不过行五十里，天已明矣。彼募人之首，岂得不为我有哉！

「彼公时旧臣虽老，犹有智策，知今已杀尽，岂非天资我邪！取彼亦不须我兵刃，此有善咒婆罗门，当使鬼缚以来耳。」

侍中、左卫将军江湛迁吏部尚书。湛性公廉，与仆射徐湛之并为主上所宠信，时称「江徐」。

魏司徒崔浩，自恃才略及魏主所宠任，专制朝权，尝荐冀、定、相、幽、并五州之士数十人，皆起家为郡守。太子晃曰：「先征之人，亦州郡之选也；在职已久，勤劳未答，宜先补郡县，以新征者代为郎吏。且守令治民，宜得更事者。」浩固争而遣之。中书侍郎、领著作郎高允闻之，谓东宫博士管恬曰：「崔公其不免乎！苟遂其非而校胜于上，将何以堪之！」

魏主以浩监秘书事，使与高允等共撰《国记》，曰：「务从实录。」著作令史闵湛、郄标，性巧佞，为浩所宠信。浩尝注《易》及《论语》、《诗》、《书》，湛、标上疏言：「马、郑、王、贾不如浩之精微，乞收境内诸书，班浩所注，令天下习业。并求敕浩注《礼传》，令后生得观正义。」浩亦荐湛、标有著述才。湛、标又劝浩刊所撰《国史》于石，以彰直笔。高允闻之，谓著作郎宗钦曰：「湛、标所营，分寸之间，恐为崔门万世之祸，吾徒亦无噍类矣！」浩竟用湛、标议，刊石立于郊坛东，方百步，用功三百万。浩书魏之先世，事皆详实，列于衢路，往来见者咸以为言。北人无不忿恚，相与谮浩于帝，以为暴扬国恶。帝大怒，使有司按浩及秘书郎吏等罪状。

初，辽东公翟黑子有宠于帝，奉使并州，受布千匹。事觉，黑子谋于高允曰：「主

上问我，当以实告，为当讳之？』允曰：『公帷幄宠臣，有罪首实，庶或见原，不可重为欺罔也。』中书侍郎崔览、公孙质曰：『若首实，罪不可测，不如讳之。』黑子怨允曰：『君奈何诱人就死地！』入见帝，不以实对，帝怒，杀之。帝使允授太子经。及崔浩被收，太子召允至东宫，因留宿。明旦，与俱入朝，至宫门，谓允曰：『入见至尊，吾自导卿；脱至尊有问，但依吾语。』允曰：『为何等事也？』太子曰：『入自知之。』太子见帝言『高允小心慎密且微贱；制由崔浩，请赦其死。』帝召允，问曰：『《国书》皆浩所为乎？』对曰：『《太祖记》，前著作郎邓渊所为；《先帝记》及《今记》，臣与浩共为之。然浩所领事多，总裁而已；至于著述，臣多于浩。』帝怒曰：『允罪甚于浩，何以得生！』太子惧，曰：『天威严重，允小臣，迷乱失次耳。臣向问，皆云浩所为。』帝问允：『信如东宫所言乎？』对曰：『臣罪当灭族，不敢虚妄。殿下以臣侍讲日久，哀臣，欲丐其生耳，实不问臣，臣亦无此言，不敢迷乱。』帝顾谓太子曰：『直哉！此人情所难，而允能为之！临死不易辞，信也；为臣不欺君，贞也。宜特除其罪以旌之。』遂赦之。

于是召浩前，临诘之。浩惶惑不能对。允事事申明，皆有条理。帝命允为诏，诛浩及僚属宗钦、段承根等，下至僮吏，凡百二十八人，皆夷五族；允持疑不为。帝频使催切，允乞更一见，然后为诏。帝引使前，允曰：『浩之所坐，若更有馀衅，非臣敢知；若直以触犯，罪不至死。』帝怒，命武士执允。太子为之拜请，帝意解，乃曰：『无斯人，当更有数千口死矣。』

六月，己亥，诏诛清河崔氏与浩同宗者无远近，及浩姻家范阳卢氏、太原郭氏、河东柳氏，并夷其族，馀皆止诛其身。执浩置槛内，送城南，卫士数十人溲其上，呼声嗷嗷，闻于行路。宗钦临刑叹曰：『高允其殆圣乎！』

他日，太子让允曰：『人亦当知机。吾欲为卿脱死，既开端绪，而卿终不从，激怒帝如此。每念之，使人心悸。』允曰：『夫史者，所以记人主善恶，为将来劝戒，故人主有所畏忌，慎其举措。崔浩孤负圣恩，以私欲没其廉洁，爱憎蔽其公直，此浩之责也。至于书朝廷起居，言国家得失，此为史之大体，未为多违。臣与浩实同其事，死生荣辱，义无独殊。诚荷殿下再造之慈，违心苟免，非臣所愿也。』太子动容称叹。允退，谓人曰：『我不奉东宫指导者，恐负翟黑子故也。』

初，冀州刺史崔赜，武城男崔模，与浩同宗而别族；浩常轻侮之，由是不睦。及浩诛，二家独得免。赜，逞之子也。

辛丑，魏主北巡阴山。魏主既诛崔浩而悔之，会北部尚书宣城公李孝伯病笃，或传

已卒，魏主悼之曰：『李宣城可惜！』既而曰：『朕失言，崔司徒可惜，李宣城可哀！』孝伯，顺之从父弟也，自浩之诛，军国谋议皆出孝伯，宠眷亚于浩。

初，车师大帅车伊洛世服于魏，魏拜伊洛平西将军，封前部王。伊洛将入朝，沮渠无讳断其路，伊洛屡与无讳战，破之。无讳卒，弟安周夺其子乾寿兵，伊洛遣人说乾寿，乾寿遂帅其民五百馀家奔魏；伊洛又说李宝弟钦等五十馀人下之，皆送于魏。伊洛西击焉耆，留其子歇守城。沮渠安周引柔然兵间道袭之，攻拔其城。歇走就伊洛，共收馀众，保焉耆镇，遣使上书于魏主，言：『为沮渠氏所攻，首尾八年，百姓饥穷，无以自存。臣今弃国出奔，得免者仅三分之一，已至焉耆东境，乞垂赈救！』魏主诏开焉耆仓以赈之。

吐谷浑王慕利延为魏所逼，上表求入保越巂，上许之；慕利延竟不至。

上欲伐魏，丹杨尹徐湛之、吏部尚书江湛、彭城太守王玄谟等并劝之；左军将军刘康祖以为『岁月已晚，请待明年。』上曰：『北方苦虏虐政，义徒并起。顿兵一周，沮向义之心，不可。』

太子步兵校尉沈庆之谏曰：『我步彼骑，其势不敌。檀道济再行无功，到彦之失利而返。今料王玄谟等，未逾两将，六军之盛，不过往时，恐重辱王师。』上曰：『王师再屈，别自有由，道济养寇自资，彦之中涂疾动。虏所恃者唯马；今夏水浩汗，河道流通，泛舟北下，碻磝必走，滑台小戍，易可覆拔。克此二城，馆谷吊民，虎牢、洛阳，自然不固。比及冬初，城守相接，虏马过河，即成擒也。』庆之又固陈不可。上使徐湛之、江湛难之。庆之曰：『治国譬如治家，耕当问奴，织当访婢。陛下今欲伐国，而与白面书生辈谋之，事何由济！』上大笑。太子劭及护军将军萧思话亦谏，上皆不从。

魏主闻上将北伐，复与上书曰：『彼此和好日久，而彼志无厌，诱我边民。今春南巡，聊省我民，驱之便还。今闻彼欲自来，设能至中山及桑乾川，随意而行，来亦不迎，去亦不送。若厌其区宇者，可来平城居，我亦往扬州，相与易地。彼年已五十，未尝出户，虽自力而来，如三岁婴儿，与我鲜卑生长马上者果如何哉！更无馀物可以相与，今送猎马十二匹并毡、药等物。彼来道远，马力不足，可乘；或不服水土，药可自疗也。』

秋，七月，庚午，诏曰：『虏近虽摧挫，兽心靡革。比得河朔、秦、雍华戎表疏，归诉困棘，跂望绥拯，潜相纠结以候王师；芮芮亦遣间使远输诚款，誓为掎角；经略之会，实在兹日。可遣宁朔将军王玄谟帅太子步兵校尉沈庆之、镇军咨议参军申坦水军入河，受督于青、冀二州刺史萧斌；太子左卫率臧质、骁骑将军王方回径造许、洛；徐、

兖二州刺史武陵王骏、豫州刺史南平王铄各勒所部，东西齐举；梁、南、北秦三州刺史刘秀之震荡汧、陇；太尉江夏王义恭出次彭城，为众军节度。』坦，钟之曾孙也。

是时军旅大起，王公、妃主及朝士、牧守，下至富民，各献金帛、杂物以助国用。又以兵力不足，悉发青、冀、徐、豫、二兖六州三五民丁，倩使暂行，符到十日装束；缘江五郡集广陵，缘淮三郡集盱眙。又募中外有马步众艺武力之士应科者，皆加厚赏。有司又奏军用不充，扬、南徐、兖、江四州富民家赀满五十万，僧尼满二十万，并四分借一，事息即还。

建武司马申元吉引兵趋碻磝。乙亥，魏济州刺史王买德弃城走。萧斌遣将军崔猛攻乐安，魏青州刺史张淮之亦弃城走。斌与沈庆之留守碻磝，使王玄谟进围滑台。雍州刺史随王诞遣中兵参军柳元景、振威将军尹显祖、奋武将军曾方平、建武将军薛安都、略阳太守庞法起将兵出弘农。后军外兵参军庞季明，年七十余，自以关中豪右，请入长安招合夷、夏，诞许之；乃自贵谷入卢氏，卢氏民赵难纳之。季明遂诱说士民，应之者甚众，安都等因之，自熊耳山出；元景引兵继进。豫州刺史南平王铄遣中兵参军胡盛之出汝南，梁坦出上蔡向长社。魏荆州刺史鲁爽镇长社，弃城走。爽，轨之子也。幢主王阳儿击魏豫州刺史仆兰，破之，仆兰奔虎牢；铄又遣安蛮司马刘康祖将兵助坦，进逼虎牢。

魏群臣初闻有宋师，言于魏主，请遣兵救缘河谷帛。魏主曰：『马今未肥，天时尚热，速出必无功。若兵来不止，且还阴山避之。国人本著羊皮裤，何用绵帛！展至十月，吾无忧矣。』

九月，辛卯，魏主引兵南救滑台，命太子晃屯漠南以备柔然，吴王余守平城。庚子，魏发州郡兵五万分给诸军。

王玄谟士众甚盛，器械精严；而玄谟贪愎好杀。初围滑台，城中多茅屋，众请以火箭烧之。玄谟曰：『彼，吾财也，何遽烧之！』城中即撤屋穴处。时河、洛之民竞出租谷、操兵来赴者日以千数，玄谟不即其长帅而以配私昵；家付匹布，责大梨八百；由是众心失望。攻城数月不下，闻魏救将至，众请发车为营，玄谟不从。

冬，十月，癸亥，魏主至枋头，使关内侯代人陆真夜与数人犯围，潜入滑台，抚慰城中，且登城视玄谟营曲折还报。乙丑，魏主渡河，众号百万，鞞鼓之声，震动天地；玄谟惧，退走。魏人追击之，死者万余人，麾下散亡略尽，委弃军资器械山积。

先是，玄谟遣钟离太守垣护之以百舸为前锋，据石济，在滑台西南百二十里。护之闻魏兵将至，驰书劝玄谟急攻曰：『昔武皇攻广固，死没者甚众。况今事迫于曩日，岂

得计士众伤疲！愿以屠城为急。』玄谟不从。及玄谟败退，不暇报护之。魏人以所得玄谟战舰，连以铁锁三重，断河以绝护之还路。河水迅急，护之中流而下。每至铁锁，以长柯斧断之，魏不能禁；唯失一舸，馀皆完备而返。

萧斌遣沈庆之将五千人救玄谟，庆之曰：『玄谟士众疲老，寇虏已逼，得数万人乃可进。小军轻往，无益也。』斌固遣之。会玄谟遁还，斌将斩之，庆之固谏曰：『佛狸威震天下，控弦百万，岂玄谟所能当！且杀战将以自弱，非良计也。』斌乃止。

斌欲固守碻磝，庆之曰：『今青、冀虚弱，而坐守穷城，若虏众东过，清东非国家有也。碻磝孤绝，复作朱修之滑台耳。』会诏使至，不听斌等退师。斌复召诸将议之，并谓宜留。庆之曰：『阃外之事，将军得以专之。诏从远来，不知事势。节下有一范增不能用，空议何施！』斌及坐者并笑曰：『沈公乃更学问！』庆之厉声曰：『众人虽知古今，不如下官耳学也。』斌乃使王玄谟戍碻磝，申坦、垣护之据清口，自帅诸军还历城。

闰月，庞法起等诸军入卢氏，斩县令李封，以赵难为卢氏令，使帅其众为乡导。柳元景自百丈崖从诸军于卢氏。法起等进攻弘农，辛未，拔之，擒魏弘农太守李初古拔。薛安都留屯弘农。丙戌，庞法起进向潼关。

魏主命诸将分道并进：永昌王仁自洛阳趋寿阳，尚书长孙真趋马头，楚王建趋钟离，高凉王那自青州趋下邳，魏主自东平趋邹山。

十一月，辛卯，魏主至邹山，鲁郡太守崔邪利为魏所擒。魏主见秦始皇石刻，使人排而仆之，以太牢祠孔子。

楚王建自清西进，屯萧城；步尼公自清东进，屯留城。武陵王骏遣参军马文恭将兵向萧城，江夏王义恭遣军主嵇玄敬将兵向留城。文恭为魏所败。步尼公遇玄敬，引兵趋苞桥，欲渡清西；沛县民烧苞桥，夜于林中击鼓，魏以为宋兵大至，争渡苞水，溺死者殆半。

诏以柳元景为弘农太守。元景使薛安都、尹显祖先引兵就庞法起等于陕，元景于后督租。陕城险固，诸军攻之不拔。魏洛州刺史张是连提帅众二万度崤救陕，安都等与战于城南，魏人纵突骑，诸军不能敌；安都怒，脱兜鍪，解铠，唯著绛纳两当衫，马亦去具装，瞋目横矛，单骑突陈，所向无前，魏人夹射不能中。如是数四，杀伤不可胜数。会日暮，别将鲁元保引兵自函谷关至，魏兵乃退。元景遣军副柳元怙将步骑二千救安都等，夜至，魏人不之知。明日，安都等陈于城西南。曾方平谓安都曰：『今勍敌在前，坚城在后，是吾取死之日。卿若不进，我当斩卿；我若不进，卿斩我也！』安都曰：『善，卿言是也！』遂合战。元怙引兵自南门鼓噪直出，旌旗甚盛，魏众惊骇。安都挺

身奋击，流血凝肘，矛折，易之更入，诸军齐奋。自旦至日昃，魏众大溃，斩张是连提及将卒三千馀级。其馀赴河堑死者甚众，生降二千馀人。明日，元景至，让降者曰：『汝辈本中国民，今为虏尽力，力屈乃降，何也？』皆曰：『虏驱民使战，后出者灭族，以骑蹙步，未战先死，此将军所亲见也。』诸将欲尽杀之，元景曰：『今王旗北指，当使仁声先路。』尽释而遣之，皆称万岁而去。甲午，克陕城。

庞法起等进攻潼关，魏戍主娄须弃城走，法起等据之。关中豪桀所在蜂起，及四山羌、胡皆来送款。

上以王玄谟败退，魏兵深入，柳元景等不宜独进，皆召还。元景使薛安都断后，引兵归襄阳。诏以元景为襄阳太守。

魏永昌王仁攻悬瓠、项城，拔之。帝恐魏兵至寿阳，召刘康祖使还。癸卯，仁将八万骑追及康祖于尉武。康祖有众八千人，军副胡盛之欲依山险间行取至，康祖怒曰：『临河求敌，遂无所见；幸其自送，奈何避之！』乃结车营而进，下令军中曰：『顾望者斩首，转步者斩足！』魏人四面攻之，将士皆殊死战。自旦至晡，杀魏兵万馀人，流血没踝，康祖身被十创，意气弥厉。魏分其众为三，且休且战。会日暮风急，魏以骑负草烧军营，康祖随补其阙。有流矢贯康祖颈，坠马死，馀众不能战，遂溃，魏人掩杀殆尽。

南平王铄使左军行参军王罗汉以三百人戍尉武。魏兵至，众欲南依卑林以自固，罗汉以受命居此，不去。魏人攻而擒之，锁其颈，使三郎将掌之；罗汉夜断三郎将首，抱锁亡奔盱眙。

魏永昌王仁进逼寿阳，焚掠马头、钟离，南平王铄婴城固守。

魏兵在萧城，去彭城十馀里。彭城兵虽多而食少，太尉江夏王义恭欲弃彭城南归。安北中兵参军沈庆之以为历城兵少食多，欲为函箱车陈，以精兵为外翼，奉二王及妃女直趋历城；分兵配护军萧思话，使留守彭城。太尉长史何勖欲席卷奔郁洲，自海道还京师。义恭去意已判。唯二议弥日未决。安北长史沛郡太守张畅曰：『若历城、郁洲有可至之理，下官敢不高赞！今城中乏食，百姓咸有走志，但以关扃严固，欲去莫从耳。一旦动足，则各自逃散，欲至所在，何由可得！今军食虽寡，朝夕犹未窘罄；岂有舍万安之术而就危亡之道？若此计必行，下官请以颈血污公马蹄。』武陵王骏谓义恭曰：『阿父既为总统，去留非所敢干。道民忝为城主，而委镇奔逃，实无颜复奉朝廷。必与此城共其存没，张长史言不可异也。』义恭乃止。

壬子，魏主至彭城，立毡屋于戏马台以望城中。

马文恭之败也，队主蒯应没于魏。魏主遣应至小市门求酒及甘蔗；武陵王骏与之，仍就求橐驼。明日，魏主使尚书李孝伯至南门，饷义恭貂裘，饷骏橐驼及骡，且曰：『魏主致意安北，可暂出见我；我亦不攻此城，何为劳苦将士，备守如此！』骏使张畅开门出见之，曰：『安北致意魏主，常迟面写，但以人臣无境外之交，恨不暂悉。备守乃边镇之常，悦以使之，则劳而无怨耳。』魏主求甘橘及借博具，皆与之；复饷毡及九种盐胡豉。又借乐器，义恭应之曰：『受任戎行，不赍乐具。』孝伯问畅：『何为匆匆闭门绝桥？』畅曰：『二王以魏主营垒未立，将士疲劳。此精甲十万，恐轻相陵践，故闭城耳。待休息士马，然后共治战场，刻日交戏。』孝伯曰：『宾有礼，主则择之。』畅曰：『昨见众宾至门，未为有礼。』魏主使人来言曰：『致意太尉、安北，何不遣人来至我所？彼此之情，虽不可尽，要须见我小大，知我老少，观我为人。若诸佐不可遣，亦可使僮幹来。』畅以二王命对曰：『魏主形状才力，久为来往所具。李尚书亲自衔命，不患彼此不尽，故不复遣使。』孝伯又曰：『王玄谟亦常才耳，南国何意作如此任使，以致奔败？自入此境七百馀里，主人竟不能一相拒逆。邹山之险，君家所凭，前锋始接，崔邪利遽藏入穴，诸将倒曳出之。魏主赐其馀生，今从在此。』畅曰：『王玄谟南土偏将，不谓为才，但以之为前驱，大军未至，河冰向合，玄谟因夜还军，致戎马小乱耳。崔邪利陷没，何损于国！魏主自以数十万众制一崔邪利，乃足言邪！知入境七百里无相拒者，此自太尉神算，镇军圣略，用兵有机，不用相语。』孝伯曰：『魏主当不围此城，自帅众军直造瓜步。南事若办，彭城不待围；若其不捷，彭城亦非所须也。我今当南饮江湖以疗渴耳。』畅曰：『去留之事，自适彼怀。若虏马遂得饮江，便为无复天道。』先是童谣云：『虏马饮江水，佛狸死卯年。』故畅云然。畅音容雅丽，孝伯与左右皆叹息。孝伯亦辩赡，且去，谓畅曰：『长史深自爱，相去步武，恨不执手。』畅曰：『君善自爱，冀荡定有期，相见无远。君若得还宋朝，今为相识之始』。

上起杨文德为辅国将军，引兵自汉中西入，摇动汧、陇。文德宗人杨高帅阴平、平武群氐拒之。文德击高，斩之，阴平、平武悉平。梁、南秦二州刺史刘秀之遣文德伐啖提氐，不克，执送荆州；使文德从祖兄头戍葭芦。

丁未，大赦。

魏主攻彭城，不克。十二月，丙辰朔，引兵南下，使中书郎鲁秀出广陵，高凉王那出山阳，永昌王仁出横江，所过无不残灭，城邑皆望风奔溃。戊午，建康纂严。己未，魏兵至淮上。

上使辅国将军臧质将万人救彭城。至盱眙，魏主已过淮。质使冗从仆射胡崇之、积

弩将军臧澄之营东山，建威将军毛熙祚据前浦，质营于城南。乙丑，魏燕王谭攻崇之等三营，皆败没，质按兵不敢救。澄之，焘之孙；熙祚，修之之兄子也。是夕，质军亦溃，质弃辎重器械，单将七百人赴城。

初，盱眙太守沈璞到官，王玄谟犹在滑台，江淮无警。璞以郡当冲要，乃缮城浚隍，积财谷，储矢石，为城守之备。僚属皆非之，朝廷亦以为过。及魏兵南向，守宰多弃城走。或劝璞宜还建康，璞曰：『虏若以城小不顾，夫复何惧！若肉薄来攻，此乃吾报国之秋，诸君封侯之日也，奈何去之！诸君尝见数十万人聚于小城之下而不败者乎？昆阳、合肥，前事之明验也。』众心稍定。璞收集得二千精兵，曰：『足矣！』及臧质向城，众谓璞曰：『虏若不攻城，则无所事众；若其攻城，则城中止可容见力耳。地狭人多，鲜不为患。且敌众我寡，人所共知，若以质众能退敌完城者，则全功不在我；若避罪归都，会资舟楫，必更相蹂践。正足为患，不若闭门勿受。』璞叹曰：『虏必不能登城，敢为诸君保之。舟楫之计，固已久息，虏之残害，古今未有，屠剥之苦，众所共见，其中幸者，不过得驱还北国作奴婢耳。彼虽乌合，宁不惮此邪！所谓「同舟而济，胡、越一心」者也。今兵多则虏退速，少则退缓。吾宁可欲专功而留虏乎！』乃开门纳质。质见城中丰实，大喜，众皆称万岁，因与璞共守。

魏人之南寇也，不赍粮用，唯以抄掠为资。及过淮，民多窜匿，抄掠无所得，人马饥乏；闻盱眙有积粟，欲以为北归之资。既破崇之等，一攻城不拔，即留其将韩元兴以数千人守盱眙，自帅大众南向。由是盱眙得益完守备。

庚午，魏主至瓜步，坏民庐舍，及伐苇为筏，声言欲渡江。建康震惧，民皆荷担而立。壬午，内外戒严，丹阳统内尽户发丁，王公以下子弟皆从役。命领军将军刘遵考等将兵分守津要，游逻上接于湖，下至蔡洲，陈舰列营，周亘江滨。自采石至于暨阳，六七百里。太子劭出镇石头，总统水军，丹杨尹徐湛之守石头仓城，吏部尚书江湛兼领军，军事处置悉以委焉。

上登石头城，有忧色，谓江湛曰：『北伐之计，同议者少。今日士民劳怨，不得无惭。贻大夫之忧，予之过也。』又曰：『檀道济若在，岂使胡马至此？』上又登莫府山，观望形势，购魏主及王公首，许以封爵、金帛。又募人赍野葛酒置空村中，欲以毒魏人，竟不能伤。

魏主凿瓜步山为蟠道，于其上设毡屋。魏主不饮河南水，以橐驼负河北水自随。饷上橐驼、名马，并求和，请婚。上遣奉朝请田奇饷以珍羞异味。魏主得黄甘，即啖之，并大进酃酒。左右有附耳语者，疑食中有毒。魏主不应，举手指天，以其孙示奇曰：

「吾远来至此，非欲为功名，实欲继好息民，永结姻援。宋若能以女妻此孙，我以女妻武陵王，自今匹马不复南顾。」

奇还，上召太子劭及群臣议之。众并谓宜许，江湛曰：「戎狄无亲，许之无益。」劭怒，谓湛曰：「今三王在厄，讵宜苟执异议！」声色甚厉。坐散，俱出，劭使班剑及左右排湛，湛几至僵仆。

劭又言于上曰：「北伐败辱，数州沦破，独有斩江湛、徐湛之可以谢天下。」上曰：「北伐自是我意，江、徐但不异耳。」由是太子与江、徐不平，魏亦竟不成婚。

资治通鉴卷第一百二十六

宋纪八 起重光单阏，尽玄黓执徐，凡二年。

太祖文皇帝下之上

元嘉二十八年（辛卯，公元四五一年）

春，正月，丙戌朔，魏主大会群臣于瓜步山上，班爵行赏有差。魏人缘江举火；太子石卫率尹弘言于上曰：「六夷如此，必走。」丁亥，魏掠居民、焚庐舍而去。

胡诞世之反也，江夏王义恭等奏彭城王义康数有怨言，摇动民听，故不逞之族因以生心，请徙义康广州。上将徙义康，先遣使语之，义康曰：「人生会死，吾岂爱生！必为乱阶，虽远何益！请死于此，耻复屡迁。」竟未及往。魏师至瓜步，人情恟惧。上虑不逞之人复奉义康为乱；太子劭及武陵王骏、尚书左仆射何尚之屡启宜早为之所；上乃遣中书舍人严龙赍药赐义康死。义康不肯服，曰：「佛教不许自杀；愿随宜处分。」使者以被掩杀之。

江夏王义恭以碻磝不可守，召王玄谟还历城；魏人追击败之，遂取碻磝。

初，上闻魏将入寇，命广陵太守刘怀之逆烧城府、船乘，尽帅其民渡江。山阳太守萧僧珍悉敛其民入城，台送粮仗诣盱眙及滑台者，以路不通，皆留山阳；蓄陂水令满，须魏人至，决以灌之。魏人过山阳，不敢留，因攻盱眙。

魏主就臧质求酒，质封溲便与之；魏主怒，筑长围，一夕而合；运东山土石以填堑，作浮桥于君山，绝水陆道。魏主遗质书曰：「吾今所遣斗兵，尽非我国人，城东北是丁零与胡，南是氐、羌。设使丁零死，正可减常山、赵郡贼；胡死，减并州贼；氐、羌死，减关中贼。卿若杀之，无所不利。」质复书曰：「省示，具悉奸怀。尔自恃四足，屡犯边境。王玄谟退于东，申坦散于西，尔知其所以然邪？尔独不闻童谣之言乎？盖卯年未至，故以二军开饮江之路耳；冥期使然，非复人事。寡人受命相灭，期之白登，师行未远。尔自送死，岂容复令尔生全，飨有桑乾哉！尔有幸得为乱兵所杀，不幸则生相锁缚，载以一驴，直送都市耳。我本不图全，若天地无灵，力屈于尔，齑之，粉之，屠之，裂之，犹未足以谢本朝。尔智识及众力，岂能胜苻坚邪！今春雨已降，兵方四集，尔但安意攻城，勿遽走！粮食乏者可见语，当出廪相贻。得所送剑刀，欲令我挥之尔身邪！」魏主大怒，作铁床，于其上施铁镵，曰：「破城得质，当坐之此上。」质又与魏众书曰：「尔语虏中诸士庶：佛狸所与书，相待如此。尔等正朔之民，何为自取糜灭，岂可不知转祸为福邪！」并写台格以与之云：「斩佛狸首，封万户侯，赐布、绢各万匹。」

魏人以钩车钩城楼，城内系以彄絙，数百人唱呼引之，车不能退。既夜，缒桶悬卒出，截其钩，获之。明旦，又以冲车攻城，城土坚密，每至，颓落不过数升。魏人乃肉薄登城，分番相代，坠而复升，莫有退者，杀伤万计，尸与城平。凡攻之三旬，不拔。会魏军中多疾疫，或告以建康遣水军自海入淮，又敕彭城断其归路；二月，丙辰朔，魏主烧攻具退走。盱眙人欲追之，沈璞曰：「今兵不多，虽可固守，不可出战；但整舟楫，示若欲北渡者，以速其走，计不须实行也。」

臧质以璞城主，使之上露版，璞固辞，归功于质。上闻，益嘉之。

魏师过彭城，江夏王义恭震惧不敢击。或告「虏驱南口万馀，夕应宿安王陂，去城数十里，今追之，可悉得。」诸将皆请行，义恭禁不许。明日，驿使至，上敕义恭悉力急追。魏师已远，义恭乃遣镇军司马檀和之向萧城。魏人先已闻之，尽杀所驱者而去。程天祚逃归。

魏人凡破南兖、徐、兖、豫、青、冀六州，杀掠不可胜计，丁壮者即加斩截，婴儿贯于槊上，盘舞以为戏。所过郡县，赤地无馀，春燕归，巢于林木。魏之士马死伤亦过半，国人皆尤之。

上每命将出师，常授以成律，交战日时，亦待中诏，是以将帅趑趄，莫敢自决。又

江南白丁，轻易进退，此其所以败也。自是邑里萧条，元嘉之政衰矣。

癸酉，诏赈恤郡县民遭寇者，蠲其税调。

甲戌，降太尉义恭为骠骑将军、开府仪同三司。

戊寅，魏主济河。

辛巳，降镇军将军武陵王骏为北中郎将。

壬午，上如瓜步。是日，解严。

初，魏中书学生卢度世，玄之子也，坐崔浩事亡命匿高阳郑罴家。吏囚罴子，掠治之。罴戒其子曰：「君子杀身成仁，虽死不可言。」其子奉父命，吏以火爇其体，终不言而死。及魏主临江，上遣殿上将军黄延年使于魏，魏主问曰：「卢度世亡命，已应至彼。」延年曰：「都下不闻有度世也。」魏主乃赦度世及其族逃亡籍没者。度世自出，魏主以为中书侍郎。度世为其弟娶郑罴妹以报德。

三月，乙酉，帝还宫。

己亥，魏主还平城，饮至告庙，以降民五万馀家分置近畿。

初，魏主过彭城，遣人语城中曰：「食尽且去，须麦熟更来。」及期，江夏王义恭议欲芟麦翦苗，移民堡聚。镇军录事参军王孝孙曰：「虏不能复来，既自可保；如其更

至，此议亦不可立。百姓闭在内城，饥馑日久，方春之月，野采自资；一入堡聚，饿立至，民知必死，何可制邪！虏若必来，芟麦无晚。」四坐默然，莫之敢对。长史张畅曰：「孝孙之议，实有可寻。」镇军府典签董元嗣侍武陵王骏之侧，进曰：「王录事不可夺。」别驾王子夏曰：「此论诚然。」畅敛版白骏曰：「下官欲命孝孙弹子夏。」骏曰：「王别驾有何事邪？」畅曰：「芟麦移民，可谓大议，一方安危，事系于此。子夏亲为州端，曾无同异；及闻元嗣之言，则欢笑酬答。阿意左右，何以事君！」子夏、元嗣皆大惭，义恭之议遂寝。

初，鲁宗之奔魏，其子轨为魏荆州刺史、襄阳公，镇长社。常思南归，以昔杀刘虔祖及徐湛之之父，故不敢来。轨卒，子爽袭父官爵。爽少有武干，与弟秀皆有宠于魏主，秀为中书郎。既而兄弟各有罪，魏主诘责之。爽、秀惧诛，从魏主自瓜步还，至湖陆，请曰：「奴与南有仇，每兵来，常恐祸及坟墓。乞共迎丧还葬平城。」魏主许之。爽至长社，杀魏戍兵数百人，帅部曲及愿从者千馀家奔汝南。夏，四月，爽遣秀诣寿阳，奉书于南平王铄以请降。上闻之，大喜，以爽为司州刺史，镇义阳；秀为颍川太守，馀弟侄并授官爵，赏赐甚厚。魏人毁其坟墓。徐湛之以为庙算远图，特所奖纳，不

青州民司马顺则自称晋室近属，聚众号齐王。梁邹戍主崔勋之诣州，五月，乙酉，顺则乘虚袭梁邹城。又有沙门自称司马百年，亦聚众号安定王以应之。

壬寅，魏大赦。

己巳，以江夏王义恭领南兖州刺史，徙镇盱眙。增督十二州诸军事。

戊申，以尚书左仆射何尚之为尚书令，太子詹事徐湛之为仆射、护军将军。尚之以湛之国戚，任遇隆重，每事推之。诏湛之与尚之并受辞诉。尚之虽为令，而朝事悉归湛之。

六月，壬戌，魏改元正平。

魏主命太子少傅游雅、中书侍郎胡方回等更定律令，多所增损，凡三百九十一条。

魏太子晃监国，颇信任左右，又营园田，收其利。高允谏曰：「天地无私，故能覆载；王者无私，故能容养。今殿下国之储贰，万方所则，而营立私田，畜养鸡犬，乃至酤贩市廛，与民争利，谤声流布，不可追掩。夫天下者，殿下之天下，富有四海，何求而无，乃与贩夫贩妇竞此尺寸之利乎！昔虢之将亡，神赐之土田，汉灵帝私立府藏，皆有颠覆之祸；前鉴若此，甚可畏也。武王爱周、邵、齐、毕，所以王天下；殷纣爱飞廉、恶来，所以丧其国。今东宫俊乂不少，顷来侍御左右者，恐非在朝之选。愿殿下斥

去佞邪，亲近忠良，所在田园，分给贫下，贩卖之物，以时收散；如此，则休声日至，谤议可除矣。」不听。

太子为政精察，而中常侍宗爱，性险暴，多不法，太子恶之。给事中仇尼道盛、侍郎任平城有宠于太子，颇用事，皆与爱不协。爱恐为道盛等所纠，遂构告其罪，魏主怒，斩道盛等于都街，东宫官属多坐死，帝怒甚。戊辰，太子以忧卒。壬申，葬金陵，谥曰景穆。帝徐知太子无罪，甚悔之。

秋，七月，丁亥，魏主如阴山。

青、冀二州刺史萧斌遣振武将军刘武之等击司马顺则、司马百年，皆斩之。癸亥，梁邹平。

萧斌、王玄谟皆坐退败免官。上问沈庆之曰：『斌欲斩玄谟而卿止之，何也？』对曰：『诸将奔退，莫不惧罪；自归而死，将至逃散，故止之。』

九月，癸巳，魏主还平城；冬，十月，庚申，复如阴山。

上遣使至魏，魏遣殿中将军郎法祐来修好。

己巳，魏上党靖王长孙道生卒。

十二月，丁丑，魏主封景穆太子之子濬为高阳王；既而以皇孙世嫡，不当为藩王，乃止。时濬生四年，聪达过人，魏主爱之，常置左右。徙秦王翰为东平王，燕王谭为临淮王，楚王建为广阳王，吴王余为南安王。

帝使沈庆之徙彭城流民数千家于瓜步，征北参军程天祚徙江西流民数千家于姑孰。

帝以吏部郎王僧绰为侍中。僧绰，昙首之子也，幼有大成之度，众皆以国器许之。好学，有思理，练悉朝典。尚帝女东阳献公主。在吏部，谙悉人物，举拔咸得其分。及为侍中，年二十九，沉深有局度，不以才能高人。帝颇以后事为念，以其年少，欲大相付托，朝政大小，皆与参焉。帝之始亲政事也，委任王华、王昙首、殷景仁、谢弘微、刘湛，次则范晔、沈演之、庾炳之，最后江湛、徐湛之、何瑀之及僧绰，凡十二人。

康和入朝于魏，魏主厚礼之。

二十九年（壬辰，公元四五二年）

春，正月，魏所得宋民五千馀家在中山者谋叛，州军讨诛之。冀州刺史张掖王沮渠万年坐与叛者通谋，赐死。

魏世祖追悼景穆太子不已，中常侍宗爱惧诛，二月，甲寅，弑帝，尚书左仆射兰延、侍中和疋、薛提等秘不发丧。延、疋以皇孙濬冲幼，欲立长君，征秦王翰，置之秘室；提以濬嫡皇孙，不可废。议久不决。宗爱知之，自以得罪于景穆太子，而素恶秦王

翰，善南安王余，乃密迎余自中宫便门入禁中，矫称赫连皇后令召延等。延等以爱素贱，不以为疑，皆随入。爱先使宦者三十人持兵伏于禁中，延等入，以次收缚，斩之；杀秦王翰于永巷而立余。大赦，改元承平，尊皇后为皇太后，以爱为大司马、大将军、太师、都督中外诸军事、领中秘书，封冯翊王。庚午，立皇子休仁为建安王。

三月，辛卯，魏葬太武皇帝于金陵，庙号世祖。

上闻魏世祖殂，更谋北伐，鲁爽等复劝之。上访于群臣，太子中庶子何偃以为：『淮、泗数州疮痍未复，不宜轻动。』上不从。偃，尚之之子也。

夏，五月，丙申，诏曰：『虐虏穷凶，著于自昔；未劳资斧，已伏天诛。拯溺荡秽，今其会也。可符骠骑、司空二府，各部分所统，东西应接。归义建绩者，随劳酬奖。』于是遣抚军将军萧思话督冀州刺史张永等向碻磝，鲁爽、鲁秀、程天祚将荆州甲士四万出许、洛，雍州刺史臧质帅所领趣潼关。永，茂度之子也。沈庆之固谏北伐；上以其异议，不使行。

青州刺史刘兴祖上言，以为：『河南阻饥，野无所掠；脱诸城固守，非旬月可拔。稽留大众，转输方劳；应机乘势，事存急速。今伪帅始死，兼逼暑时，国内猜扰，不暇远赴。愚谓宜长驱中山，据其关要。冀州以北，民人尚丰，兼麦已向熟，因资为易，向义之徒，必应响赴。若中州震动，黄河以南，自当消溃。臣请发青、冀七千兵，遣将领之，直入其心腹。若前驱克胜，张永及河南众军宜一时济河，使声实兼举，并建司牧，抚柔初附，西拒太行，北塞军都，因事指挥，随宜加授，畏威欣宠，人百其怀。若能成功，清壹可待；若不克捷，不为大伤。并催促装束，伏听敕旨。』上意止存河南，亦不从。上又使员外散骑侍郎琅邪徐爰随军向碻磝，衔中旨授诸将方略，临时宣示。

尚书令何尚之以老请致仕，退居方山。议者咸谓尚之不能固志。既而诏书敦谕数四，六月，戊申朔，尚之复起视事。御史中丞袁淑录自古隐士有迹无名者为《真隐传》以嗤之。

秋，七月，张永等至碻磝，引兵围之。

壬辰，徙汝阴王浑为武昌王，淮阳王彧为湘东王。

初，潘淑妃生始兴王濬。元皇后性妒，以淑妃有宠于上，恚恨而殂，淑妃专总内政。由是太子劭深恶淑妃及濬。濬惧为将来之祸，乃曲意事劭，劭更与之善。

吴兴巫严道育，自言能辟谷服食，役使鬼物；因东阳公主婢王鹦鹉出入主家。道育谓主曰：『神将有符赐主。』主夜卧，见流光若萤，飞入书笥，开视，得二青珠；由是主与劭、濬皆信惑之。劭、濬并多过失，数为上所诘责；使道育祈请，欲令过不上闻。

道育曰：『我已为上天陈请，必不泄露。』劭等敬事之，号曰：『天师』。其后遂与道育、鹦鹉及东阳主奴陈天与、黄门陈庆国共为巫蛊，琢玉为上形像，埋于含章殿前；劭补天与为队主。

东阳主卒，鹦鹉应出嫁，劭、濬恐语泄，濬府佐吴兴沈怀远，素为濬所厚，以鹦鹉嫁之为妾。

上闻天与领队，以让劭曰：『汝所用队主副，并是奴邪？』劭惧，以书告濬。濬复书曰：『彼人若所为不已，正可促其馀命，或是大庆之渐耳。』劭、濬相与往来书疏，常谓上为『彼人』，或曰『其人』，谓江夏王义恭为『佞人』。

鹦鹉先与天与私通，既适怀远，恐事泄，白劭使密杀之。陈庆国惧，曰：『巫蛊事，唯我与天与宣传往来。今天与死，我其危哉！』乃具以其事白上。上大惊，即遣收鹦鹉，封籍其家，得劭、濬书数百纸，皆咒诅巫蛊之言；又得所埋玉人，命有司穷治其事。道育亡命，捕之不获。

先是，濬自扬州刺史出镇京口，及庐陵王绍以疾解扬州，意谓已必复得之。既而上用南谯王义宣，濬殊不乐，乃求镇江陵；上许之。濬入朝，遣还京口，为行留处分，至京口数日而巫蛊事发。上惋叹弥日，谓潘淑妃曰：『太子图富贵，更是一理，虎头复如此，非复思虑所及。汝母子岂可一日无我邪！』遣中使切责劭、濬，劭、濬惶惧无辞，惟陈谢而已。上虽怒甚，犹未忍罪也。

诸军攻碻磝，治三攻道：张永等当东道，济南太守申坦等当西道，扬武司马崔训当南道。攻之累旬，不拔。八月，辛亥夜，魏人自地道潜出，烧崔训营及攻具；癸丑夜，又烧东围及攻具；寻复毁崔训攻道。张永夜撤围退军，不告诸将，士卒惊扰；魏人乘之，死伤涂地。萧思话自往，增兵力攻旬馀，不拔。是时，青、徐不稔，军食乏。丁卯，思话命诸军皆退屯历城，斩崔训，系张永、申坦于狱。

鲁爽至长社，魏戍主秃髡幡弃城走。臧质顿兵近郊，不以时发，独遣冠军司马柳元景帅后军行参军薛安都等向潼关。元景等进据洪关。梁州刺史刘秀之遣司马马汪与左军中兵参军萧道成，将兵向长安。道成，承之之子也。魏冠军将军封礼自洹津南渡，赴弘农。九月，司空高平公儿乌干屯潼关，平南将军黎公辽屯河内。

吐谷浑王慕利延卒，树洛干之子拾寅立，始居伏罗川；遣使来请命，亦请命于魏。丁亥，以拾寅为安西将军、西秦、河、沙三州刺史、河南王；魏以拾寅为镇西大将军、沙州刺史、西平王。

庚寅，鲁爽与魏豫州刺史拓跋仆兰战于大索，破之，进攻虎牢。闻碻磝败退，与柳

元景皆引兵还。萧道成、马汪等闻魏救兵将至，还趣仇池。己丑，诏解萧思话徐州，更领冀州刺史，镇历城。

上以诸将屡出无功，不可专责张永等，赐思话诏曰：「虏既乘利，方向盛冬，若脱敢送死，兄弟父子自共当之耳。」言及增愤！可以示张永、申坦。」又与江夏王义恭书曰：「早知诸将辈如此，恨不以白刃驱之。今者悔何所及！」义恭寻奏免思话官，从之。

魏南安隐王余自以违次而立，厚赐群下，欲以收众心；旬月之间，府藏虚竭。又好酣饮及声乐、畋猎，不恤政事。宗爱为宰相，录三省，总宿卫，坐召公卿，专恣日甚。余患之，谋夺其权；爱愤怒。冬，十月，丙午朔，余夜祭东庙，爱使小黄门贾周等就弑余，而秘之，惟羽林郎中代人刘尼知之。尼劝爱立皇孙濬，爱惊曰：「君大痴人！皇孙若立，岂忘正平时事乎！」尼曰：「若尔，今当立谁？」爱曰：「待还宫，当择诸王贤者立之。」

尼恐爱为变，密以状告殿中尚书源贺。贺时与尼俱典兵宿卫，乃与南部尚书陆丽谋曰：「宗爱既立南安，还复杀之。今又不立皇孙，将不利于社稷。」遂与丽定谋，共立皇孙。丽，俟之子也。

戊申，贺与尚书长孙渴侯严兵守卫宫禁，使尼、丽迎皇孙于苑中。丽抱皇孙于马上，入平城，贺、渴侯开门纳之。尼驰还东庙，大呼曰：「宗爱弑南安王，大逆不道，皇孙已登大位，有诏，宿卫之士皆还宫！」众咸呼万岁。遂执宗爱、贾周等，勒兵而入，奉皇孙即皇帝位。登永安殿，大赦，改元兴安。杀爱、周，皆具五刑，夷三族。

西阳五水群蛮反，自淮、汝至于江、沔，咸被其患。诏太尉中兵参军沈庆之督江、豫、荆、雍四州兵讨之。

魏以骠骑大将军拓跋寿乐为太宰、都督中外诸军、录尚书事，长孙渴侯为尚书令，加仪同三司。十一月，寿乐、渴侯坐争权，并赐死。

癸未，魏广阳简王建、临淮宣王谭皆卒。

甲申，魏主母闾氏卒。

魏南安王余之立也，以古弼为司徒，张黎为太尉。及高宗立，弼、黎议不合旨，黜为外都大官；坐有怨言，且家人告其为巫蛊，皆被诛。

壬寅，庐陵昭王绍卒。

魏追尊景穆太子为景穆皇帝，皇妣闾氏为恭皇后，尊乳母常氏为保太后。

陇西屠各王景文叛魏，署置王侯；魏统万镇将南阳王惠寿、外都大官于洛拔督四州

之众讨平之，徙其党三千馀家于赵、魏。

十二月，戊申，魏葬恭皇后于金陵。

魏世祖晚年，佛禁稍弛，民间往往有私习者。及高宗即位，群臣多请复之。乙卯，诏州郡县众居之所，各听建佛图一区；民欲为沙门者，听出家。大州五十人，小州四十人。于是向所毁佛图，率皆修复。魏主亲为沙门师贤等五人下发，以师贤为道人统。

丁巳，魏以乐陵王周忸为太尉，南部尚书陆丽为司徒，镇西将军杜元宝为司空。丽以迎立之功，受心膂之寄，朝臣无出其右者，赐爵平原王。丽辞曰：「陛下，国之正统，当承基绪；效顺奉迎，臣子常职，不敢慆天之功以干大赏。」再三不受，魏主不许。丽曰：「臣父奉事先朝，忠勤著效。今年逼桑榆，愿以臣爵授之。」帝曰：「朕为天下主，岂不能使卿父子为二王邪！」戊午，进其父建业公俟爵为东平王。又命丽妻为妃，复其子孙。丽力辞不受，帝益嘉之。

以东安公刘尼为尚书仆射，西平公源贺为征北将军，并进爵为王。帝班赐群臣，谓源贺曰：「卿任意取之。」贺辞曰：「南北未宾，府库不可虚也。」固与之，乃取戎马一匹。

高宗之立也，高允预其谋，陆丽等皆受重赏，而不及允，允终身不言。

甲子，周忸坐事赐死。时魏法深峻，源贺奏：「谋反之家，男子十三以下本不预谋者，宜免死没官。」从之。

江夏王义恭还朝。辛未，以义恭为大将军、南徐州刺史，录尚书如故。

初，魏入中原，用《景初历》，世祖克沮渠氏，得赵敺《玄始历》，时人以为密，是岁，始行之。

